英語リーディングの探究

薬袋善郎 著
Yoshiro Minai

研究社

はじめに

　私は、この本を、できるだけ「楽しく」読んでいただける本にしようと心がけて書きました。パラパラッとめくって「えっ！ どこが？」と呆(あき)れる方もいらっしゃると思うのですが、著者は大真面目(おおまじめ)です。というのは、こんな考え方をしているからです。

　どんなときに「楽しい」と感じるかは人それぞれですが、少なくとも私は、モヤモヤしてはっきりしない事柄が筋の通った説明で明快に理解できたときに「楽しい」と感じます。

『学校で教えてくれない英文法』

　私は英文を読むとき、その英文が表している「事柄(＝事実関係)」と「その事柄を通して筆者が何をイイタイのか」を正確につかむことにいつも苦しんでいます。これは古典と呼ばれるような文章だけでなく、日常の週刊誌の英文でも同じです。いや、むしろ後者の方が難しいと感じることも少なくありません。これは辞書の問題でもなければ、文章外の背景知識の問題でもありません。単語やフレーズの辞書的な意味がわかり、さらに背景知識を十分にもっていても、事柄もイイタイコトも見当がつかないことがしばしばです(特にイイタイコト)。それだけに、考えに考え抜いて遂にこの２つ(つまり英文の真意)がわかったときの嬉しさは格別です。そんなとき「英文を読むのは楽しいなあ」と心から感じるのです。

　この本は、私と同じようなことに悩んでいる人のために書きました。読者の皆さんに「楽しんで」いただけるように、読み取りにく

はじめに

いところは「事柄」と「その事柄を通して筆者が何をイイタイのか」を徹底的に解説しました。独力で正解に到る思考プロセスの部分にも力を入れて書きました。もとより「冗長で、くどすぎる」という批判は承知の上です。

　Part 1 は週刊英字新聞の Asahi Weekly に連載した「上級を目指す英文精読講座」に加筆し、さらに新しい英文を3つ追加しました。Part 2 はアメリカの週刊誌 Newsweek の記事の抜粋です。科学記事と社会記事の2本を採りました。この解説は本書のために書き下ろしたものです。Part 1 の No. 21 までは構文的な問題が中心で、No. 22 以降と Part 2 は内容の読み取りが中心になっています。長短合わせて全部で27編の英文が収録されています。どれから読んでいただいてもかまいません。ただ、Part 2 の Newsweek の記事だけは、ぜひ全文をじっくり読んで、ご自分の読み方を決めてから解説を読んでください。その方が解説の意図をわかっていただけると思うのです。

　拙著の中で、本書と同様の問題（＝事柄とイイタイコトの穿鑿（せんさく））を扱っているのは『英語リーディングの真実』と『思考力をみがく英文精読講義』です。合わせてお読みくださると参考になると思います。最後に、連載時にお世話になった Asahi Weekly 編集部の和田明郎氏と単行本化にご尽力くださった研究社の佐藤陽二氏にお礼を申し上げます。

2010 年 7 月　薬袋善郎

目　次

Part 1　良文を読む…1

1. *Sesame and Lilies* by John Ruskin ——2
2. A Letter written by Brigadier General Whitney ——6
3. *The Summing Up* by William Sommerset Maugham ——10
4. *The Varieties of Religious Experience* by William James ——14
5. *Autobiography* by John Stuart Mill ——17
6. Entrance Examination of Hosei University ——21
7. *The Peace Negotiations between China and Japan in 1895* ——25
8. *Cakes and Ale* by William Sommerset Maugham ——29
9. *After Twenty Years* by O. Henry ——33
10. *Essays of Elia* by Charles Lamb ——37
11. *Experiments in Plant-Hybridisation* by Gregor Johann Mendel ——41
12. *Erewhon* by Samuel Butler ——45
13. *Wilkie Collins and Dickens* by T. S. Eliot ——48

14 *The House of Cobwebs*
　　by George R. Gissing ——52
15 *Scrambles amongst the Alps*
　　by Edward Whymper ——57
16 *The Autobiography of A Super-Tramp*
　　by W. H. Davies ——64
17 *Private Papers of Henry Ryecroft*
　　by George R. Gissing ——68
18 *Sartor Resartus* by Thomas Carlyle ——72
19 *The Doctors Mayo*
　　by Helen Clapesattle ——76
20 *The Sketch Book* by Washington Irving ——80
21 *The Lytton Report* ——84
22 A Letter written
　　by Miss. Mary H. Cornwall Legh ——89
23 *On Liberty* by John Stuart Mill ——98
24 *My Early Life* by Winston Churchill ——113
25 *A Flower of Asia* by Cyril ——135

Part 2　Newsweek を読む…163

1 *The Cancer Killer* ——164
2 *Day & Night* ——211

索引 ——274

Part 1
良文を読む

6/17, 6/18, 6/22, 6/29

1
Sesame and Lilies
by John Ruskin

　John Ruskin (1819-1900) は『ヴェネツィアの石』『建築の七灯』などの著作で知られるイギリスの美術批評家です。次の英文は、彼の読書論と女性論をまとめた *Sesame and Lilies*『胡麻と百合』(1865) からの抜粋です。この本は戦前から昭和30年代くらいまで、大学受験生の受験準備に盛んに用いられました。

 問　下線部を和訳しなさい。

There is not a war in the world, no, nor an injustice, but you women are answerable for it; not in that you have provoked, but in that you have not hindered. Men, by their nature, are prone to fight; they will fight for any cause, or for none. It is for you to choose their cause for them, and to forbid them when there is no cause.

　no, nor ～ は「それどころか～も...でない」という意味で、否定される事柄を強調して付け加える表現です。たとえば次のように使われます。

Sesame and Lilies by John Ruskin

A man could not lift it, no, nor half a dozen.
「ひとりでは持ち上げられないだろう。それどころか6人だって無理だ」

　したがって、but の前までは次のようになります。「この世に戦争はない。それどころか不正行為も存在しない。」この内容はいささか疑問です。先を読んでみましょう。「しかし、あなたがた女性はそれに責任がある。」これはどういうことでしょう？

She is answerable for the child's safety.
「彼女は子供の安全（を図ること）について責任がある」

　これは正しい英文ですから、be answerable for ～ の～に「良い内容のこと」を入れることは可能です。したがって、it は and の前を指していると考えて、「戦争も不正行為もない（ようにする）ことについて、女性は責任を負っている」と読むことはできます。ただ、それを but（しかし）でつなぐのは前後が逆接関係にないので無理です。もし、ここが次のようになっていれば論理的に成立します。

There should not be a war in the world, no, nor an injustice, and you women are answerable for it.
「この世に戦争も、それどころか不正行為も存在すべきではない。そして、それ（＝戦争も不正行為も存在しないようにすること）について、女性は責任を負っている」

　しかし、原文は違うのですから、ここはじっくり考えなければいけません。
　実はこの文の but は「しかし」という意味の等位接続詞ではなくて、「SがVすることなしに」という意味の従属接続詞なのです。こ

の but は高校では次の文で学びます。

It never rains but it pours.

　この場合、but it pours は副詞節で、rains だけを修飾していて、never には及んでいません。したがって「土砂降りに降ることなしに雨が降る、ことは決してない ⇒ しとしとぴっちゃんのような降り方で雨が降る、ことは決してない ⇒ 雨が降ると必ず土砂降りになる」という意味になります。これは「悪いことは立て続けに起きるものだ」という意味のことわざで、It never rains without pouring. とも言います。

　さて、本文の but はこれと同じですから、but you women are answerable for it は「あなた方女性がそれ（＝戦争や不正義）に責任を負うことなしに」という意味の副詞節で、主節の否定語を除いた部分（＝There is a war in the world, or an injustice）を修飾しているのです。すると「あなた方女性がそれに責任を負うことなしに、戦争や不正義が世の中に存在する ⇒ 戦争や不正義が世の中に存在し、それに対してあなた方女性に責任がない」という意味になります。本文はそれを not、no、nor で強く否定しているのです。したがって、第1文は「戦争や不正義が世の中に存在し、それに対してあなた方女性に責任がない、などということは決してない ⇒ この世に戦争や不正義があれば、それは必ずあなた方女性に責任がある」という意味になるのです。

　in that S + V は「S が V するという点で ⇒ S が V するので」という意味で、that S + V の名詞節が、前置詞 in の目的語になっています。通常の none は動詞とからんで「どんな ... も V しない」という意味ですが、本文の none はこれだけで「... が存在しないこと」という意味を表す用法です。たとえば次のように使います。

Any agreement is better than none.
「どんな合意でも、全然ないよりはましだ」

　したがって for none は「cause (= 大義、理由) がなくても (S は V する)」という意味です。It is for you to choose ... の for は「帰属」を表す前置詞で「It (= to choose ...) はあなた方に帰属する ⇒ to choose ... はあなた方の責務だ」という意味になります。

> 【試 訳】
> 　この世に戦争や不正義があれば、それは必ずあなた方女性に責任がある。それは、あなた方女性が男性を挑発したからではなく、それを防止しなかったという点においてである。男というものは生来けんかが好きだ。男はどんな理由のためでも、いや何の理由もなくても、戦うものだ。男のために、戦う理由を決めてやり、そして何の理由もないときは、男に戦うなと禁じるのはあなた方女性の責務なのである。

2

A Letter written by Brigadier General Whitney

　日本国憲法が GHQ（連合国軍総司令部）から提示された憲法草案（いわゆるマッカーサー草案）に基づいて作られたことは周知の事実です。しかし、当時の幣原内閣は、当初 GHQ 草案に猛反発し、松本烝治国務大臣を中心に日本側で作成した草案を原案にするように GHQ に働きかけます。1946 年（昭和 21 年）2 月 15 日、白洲次郎終戦連絡事務局参与は、GHQ 民政局長ホイットニー准将に「松本草案」の採用を薦める旨の書簡を送りました。ホイットニーは、翌 16 日、返書を送り、その中で松本国務大臣の憲法改正に対するスタンスに疑問を投げかけ、真の民主化のためには GHQ 案を下敷きにすべきであることを力説します。次の英文は、このホイットニー准将の白洲次郎宛返書の一節です。文中の he は松本烝治国務大臣を指しています。

問　下線部を和訳しなさい。

　It remains to be seen whether he and his colleagues have the moral courage faithfully and aggressively to sponsor the reforms concerning which they thus have no quarrel — whether they themselves are destined now to champion these rights and liberties which they agree with the Supreme Commander must be bestowed upon the

A Letter written by Brigadier General Whitney

> **people if, upon the disastrous errors of the past, is to be erected a new and enlightened Japan charted to the path of peace and dedicated to upholding the rights of man in the fraternity of nations** — or whether they must yield to others who do possess those necessary qualities of leadership.

　remain to be p.p. は「まだ～されていない」という意味ですから、It remains to be seen は「それはまだ分かっていない」という意味です。It は仮主語で、真主語は3つの whether 節です。concerning は前置詞です。concerning ... quarrel は形容詞節で the reforms を修飾しています。

They agree with the Supreme Commander that these rights and liberties must be bestowed upon the people.（彼らは、これらの権利と自由が国民に与えられなければならないという点で最高司令官と同意見である）という文を、these rights and liberties を修飾する形容詞節に変えるには、まず文中の these rights and liberties を関係代名詞の which に換え、次に which を形容詞節の先頭に出し、最後に従属接続詞の that を省略すると完成です。which they agree with the Supreme Commander must be bestowed upon the people となります。これを被修飾語（＝先行詞）の these rights and liberties の後に置いたのが本文です。このように、関係詞節（＝関係詞が導く従属節）の中に that 節があり、関係詞がその that 節の中で働く現象を「関係詞連鎖」といいます。本文の which は must be bestowed の主語なのです。

　if 節の中に「助動詞 be to」を使い、主節に must、have to、should、need などの義務や必要性を表す語を使うと「S が V するためには、

「〜しなければならない」とか「SがVしたいなら、〜する必要がある」という意味を表します。前者の意味の場合には、if節は「条件」ではなく「目的」を表します。たとえば次のような具合です。

You must keep my advice in mind if you are to achieve success.
「成功するためには、私の助言を心に留めておかなければいけない」

本文はこの表現が使われています。ただし、if節の中が倒置しています。普通の語順で書けば次のようになります。

if a new and enlightened Japan is to be erected upon the disastrous errors of the past

本文では主語のJapanに後ろから長い修飾要素がついているので（chartedとdedicatedはどちらも過去分詞形容詞用法でJapanを修飾しています）、座りをよくするために倒置して主語を最後に回したのです。

【試 訳】
　そういうわけで、彼と彼の同僚たちはこの改革の内容に関して異存はないわけです。問題は、彼らにこの改革を誠実かつ積極的に後押しする道義的勇気があるかどうかです。これは依然として不明です。過去の破滅的な過ちの上に、平和の道に歩を定め各国と連帯して人権を擁護するのに献身する新しい開かれた日本を打ち立てるためには、これらの権利と自由を国民に与えなければならないという点で、彼らはマッカーサー最高司令官と同意見です。しかし、今、彼ら自身がこれらの権利と自由を擁護するべく定められた人たちなのかどうか、それとも彼らは、リー

A Letter written by Brigadier General Whitney

ダーシップをとるのに必要な資質を本当に持っている他の人に職務を譲らなければならないのか、これは依然としてわかりません。

　なお、この手紙の全文は『日本国憲法の誕生』という国立国会図書館のWebサイトにある『ジープ・ウェイ・レター』往復書簡で見ることができます。

3

The Summing Up
by William Sommerset Maugham

　William Sommerset Maugham (1874–1965) は、最近でこそ読まれることが少なくなりましたが、無類のストーリーテラーとして、1930年代には絶大な人気を誇った英国の作家です。彼の特徴は「皮肉な人間観察」にあると言われますが、*The Moon and Sixpence*『月と6ペンス』や *Cakes and Ale*『お菓子と麦酒』などの代表作を読むと、世のしがらみや常識的な道徳に縛られず、自己実現を追求する主人公の人物造形には今読んでも強く惹きつけられるものがあります。次の英文は、昭和40年代まで受験準備に盛んに用いられた *The Summing Up*『要約すると』の一節です。

 問　下線部の that の品詞と働きを答えなさい。

The difficulty of self-realization, that bringing to the highest perfection every faculty of which you are possessed, so that you get from life all the pleasure, beauty, emotion and interest you can wring from it, is that the claims of other people constantly limit your activity; and moralists, taken by the reasonableness of the theory, but frightened of its consequences, have spilt much ink to prove that in sacrifice and selflessness a man most com-

The Summing Up by William Sommerset Maugham

| **pletely realizes himself.** |

　ing 形の動詞は、be 助動詞をつけると「進行形」になります。しかし、bringing には be 助動詞がついていないので、「動名詞」「現在分詞形容詞用法」「分詞構文」のどれかです。次に bring は純粋な他動詞ですから (bring には自動詞の使い方はありません)、every faculty は bringing の目的語です。of which you are possessed は形容詞節で every faculty を修飾しています。

　so that S + V は「S が V するように」という意味の副詞節です。したがって、so that you get from life all the pleasure, beauty, emotion and interest は副詞節で bringing を修飾しています。you can wring from it は関係代名詞が省略された (you の前に関係代名詞の that が省略されています) 形容詞節で、all the pleasure, beauty, emotion and interest を修飾しています。

　you can wring from it の次の is は現在形ですから、絶対に述語動詞で、主語が必要です。この後に続く that 節の内容から考えて、is の主語は文頭の The difficulty で間違いありません。このように精密に分析すると「that の後には bringing という ing 形の動詞があるだけだ」ということがはっきりします。これでは that を関係詞や従属接続詞に読むことは不可能です。ここまでくれば分かります。この that は指示形容詞で bringing を修飾しているのです。bringing は動名詞で、self-realization と同格 (= 名詞を名詞で言い換えること) です。self-realization, that bringing は「自己実現、つまり、あの (例の、皆さんご承知の) bring すること」という意味なのです。

　writing を使って「手紙を書くこと」と言いたいときは the writing of a letter と writing a letter の 2 つの言い方があります。前者の writing は純粋な名詞で (= 動詞の働きはしていません)、後者の writing を動名詞と呼びます（動詞の働きをして、a letter を目的語にしているからです）。そして、動名詞を修飾するときは、副詞で修飾する（動名詞に形容詞をかけることはできない）ことになっています。したがって、writing a letter hastily（急いで手紙を書くこと）とは言えますが、hasty writing a letter とは言えないのです。the hasty writing of a letter なら OK です。

ところで、この 2 つの表現は歴史的には the writing of a letter が先にあり、これが発達して writing a letter が生まれたのです。そこで、この中間的形態として the writing a letter という表現も使われた時期があり、その名残が今でも残っています。たとえば次のような具合です。

The industry necessary for the making money is also very demoralizing.
「金をこしらえるために必要な産業はまた風紀を乱すものでもある」
——『英語語法大事典』

高校で習う There is no denying this.（これを否定することはできない）のような表現もこの一種です。もう 1 つ例を挙げましょう。

I'm tired of all that feeding the animals every day.
「あの動物たちに毎日えさをやる、あれにはもうすっかりうんざりだ」

さて、本文もこの書き方で、bringing to the highest perfection every faculty（あらゆる能力を最高に完璧な状態にまで引き上げること）という動名詞に形容詞の that をかけているのです。

The Summing Up by William Sommerset Maugham

【試 訳】
　自己実現、すなわち自己の持てるあらゆる能力を最高に完璧な状態にまで引き上げ、人生からしぼり取れる限りのすべての快楽、美、感動、興味を得ようとするあの営み、これにとっての障害は、他の人たちからの要求によって絶えず自分の活動が制約されることである。そして、道徳家たちは、この考えがもっともであることに心を引かれながらも、その結果を恐れて、犠牲と無欲においてこそ、人間は最も完全に自己を実現するのだ、ということを証明するために、多量のインクを浪費してきたのだ。

© Due acknowledgement must be made of the permission of A P Watt Ltd on behalf of The Royal Literary Fund.

4

The Varieties of Religious Experience
by William James

　Pragmatism（1907）の著者として有名なアメリカの哲学者 William James（1842-1910）は、1901年エディンバラ大学の Gifford Lectures（ギフォード講座）の講師に招聘され、この年から翌年にかけて、Natural Religion（自然宗教）に関する20回の連続講義を行いました。この歴史的講義は1902年6月アメリカで *The Varieties of Religious Experience*『宗教的経験の諸相』と題されて出版され、たちまち大反響を巻き起こしました。この A Study in Human Nature（人間性についての一研究）という副題がついた書は、宗教の違いを問わず、いやしくも宗教について考え、論じようとする人の必読書であり、宗教研究書の最高の古典の1つとされています。日本では岩波文庫から翻訳が出ています。

　次の英文は『宗教的経験の諸相』の第10章 "CONVERSION—Concluded"（回心―結び）の一節です。

 問　下線部を和訳しなさい。

　The more literally lost you are, the more literally you are the very being whom Christ's sacrifice has already saved. Nothing in Catholic theology, I imagine, has ever

The Varieties of Religious Experience by William James

spoken to sick souls as straight as this message from Luther's personal experience.

. . . (an omission) . . .

The adequacy of his view of Christianity to the deeper parts of our human mental structure is shown by its wildfire contagiousness when it was a new and quickening thing.

Faith that Christ has genuinely done his work was part of what Luther meant by faith, which so far is faith in a fact intellectually conceived of. But this is only one part of Luther's faith, the other part being far more vital. This other part is something not intellectual but immediate and intuitive, <u>the assurance, namely, that I, this individual I, just as I stand, without one plea, etc., am saved now and forever.</u>

which so far is faith... の which の先行詞は what Luther meant by faith という名詞節です。so far は So far, so good.（ここまでは、それでよい）と言うときの so far で「ここまでのところは」という意味です。conceived of は「群動詞の過去分詞形」で、conceived of の全体が conceive of という１つの他動詞の過去分詞形なのです。使い方は過去分詞形容詞用法で a fact を修飾しています。in a fact intellectually conceived of は「知的に考えられたある事実」という意味です。したがって、which ... of は「ジェームズが信仰によって意味したものは、ここまでは、知的に考えられたある事実に対する信仰である」という意味になります。

ジェームズは、ルターの信仰を「頭で論理的に考えた事実」に対

する信仰と、「情で直感的に感じた事実」に対する信仰の2つの部分があると捉え、後者の方がはるかに重要だというのです。そして、後者の信仰を the assurance that S + V (S + V という確信) だと指摘します。as S stand は、S に代名詞を置いて「そのままで、ありのままで」という意味を表す副詞節になります。したがって、just as I stand は「ただありのままで」という意味です。この S + V の内容 (=私、この個人としての私が、ただあるがままで、一言の弁解なしに、今、そして永遠に、救われている) は本書の全編を通じて、ジェームズが宗教的意識の1つの核心として紹介しているスタンスです。

【試 訳】

諸君が文字通りに失われた人間であればあるほど、ますます文字通りに諸君は、キリストの犠牲によってすでに救われている人間そのものなのである。ルター自らの経験から出たこの言葉ほど直截に、病める魂に語りかけた言葉は、カトリック神学の中には全くない、と私は考える。

... 中略 ...

ルターのキリスト教観が我々人間の精神構造のより深部に適応するものであることは、その見方がまだ新しく生き生きしたものであったころ、燎原(りょうげん)の火のごとく伝播(でんぱ)したという事実によって示されている。

キリストは真にその御業(みわざ)をなし給(たも)うたのであるという信仰は、ルターが信仰と呼んだものの一部であった。この限りにおいて、ルターの信仰は、頭によって知的に把握されたある事実に対する信仰である。しかし、これはルターの信仰のごく一部分にすぎないのであって、他の部分の方がはるかに重要である。この他の部分というのは、知的なものではなくて、直接的で直感的なものである。すなわち、それは、<u>私、この個人としての私が、ただあるがままで、弁解など一言もしなくても、今、そして永遠に、救われている、という確信</u>である。

6/22, 6/23, 6/26, 7/3

5
Autobiography
by John Stuart Mill

　日本には「英文読解を通して論理的思考力を鍛える」という伝統があります。この目的に適したテキストとして戦前から盛んに用いられたのは英国の思想家 John Stuart Mill (1806-1873) の著作です。Mill と言えば、何と言っても *On Liberty*『自由論』(1859) が有名ですが、今回は *Autobiography*『ミル自伝』(1873) を読んでみましょう。

　この自伝には Mill が父親から受けたすさまじい英才教育の様子が詳細に述べられています（Mill は 13 歳頃には当時の大学生が読まされたギリシャ語、ラテン語の文献はすべて読破していたといわれています）。論理と構文が緻密に組み上げられた Mill の文章を味わってください。

問 1　下線部①の and がつなぐものを指摘しなさい。
問 2　下線部②を和訳しなさい。

　I recollect the indignation of my father at my using the common expression that something was true in theory but required correction in practice; ①<u>and</u> how, after making me vainly strive to define the word theory, he explained its meaning, and showed the fallacy of the vulgar form of speech which I had used; leaving me fully

> persuaded that in being unable to give a correct definition of theory, and in speaking of it as something which might be at variance with practice, I had shown unparalleled ignorance. In this he seems, and perhaps was, very unreasonable; but I think, only in being angry at my failure. ②<u>A pupil from whom nothing is ever demanded which he cannot do, never does all he can.</u>

　I recollect ～は「私は～を思い出す」という意味で、～（＝recollectの目的語）のところにthe indignationとhow ... ignoranceが入っています。そして、下線部①のandはこの2つをつないでいます。how ... ignoranceはずいぶん長いですが、これ全体がhowによって導かれた名詞節で、recollectの目的語です。このhowは、方法や様態の意味は希薄で、ほとんど従属接続詞のthatに近い機能を果たしています。vainlyは「無駄に」という意味の副詞ですが、S vainly Vは「Sは無駄にVする」ではなく「SはVするが、結局は無駄だ」のように意味をとります。

We vainly searched for the treasure.
「我々は財宝を探したが見つからなかった」

　したがって、after making me vainly strive to define the word theoryは「私に理論という語を定義するように努力させたが、結局私は定義できなかった。その後で」という意味になります。
　howが導く名詞節の中のS＋Vはhe explained ... and showed ... です。その後に続くleavingは分詞構文で、意味上の主語はheです。leaving me fully persuaded that S＋Vは「そして（父は）私に

Autobiography by John Stuart Mill

S+Vを完全に納得させた」という意味です。speak of A as Bは「AをBだと言う」という意味です。したがって、in speaking of it as something which might be at variance with practice は「それを、何か実際とはくい違うことがあるものだと言うことにおいて」という意味になります。persuaded that S+V の S+V は that からずいぶん離れていますが I had shown です。

「S+V 副詞」という文において、副詞を強調するために、副詞の前に and that または but that を置くことがあります。この that は S+V を受ける代名詞ですが、しばしば省略されます。たとえば、He did it and at once.（彼はそれをやった、しかもすぐに）のような具合です。こういうときの and（あるいは but）は何と何を対等につないでいるかを指摘できず、むしろ and（あるいは but）を削除しても英文は成立します。but I think, only in being angry at my failure の but はこの用法です。but の次の I think は挿入要素です。

from whom ... cannot do は形容詞節で A pupil を修飾しています。which he cannot do も形容詞節で nothing が先行詞です。nothing is ever demanded which he cannot do は「自分ができないどんなこともこれまでに要求されたことがない」という二重否定で、肯定に直すと「自分ができることだけをこれまでに要求された」という意味になります。never does all he can は never does all that he can do の省略形で「自分ができるすべてのことを決してやらない ⇒ 決して全力を出しきらない」という意味です。

【試 訳】
　あることについて、理論的には正しいが、実際上は訂正が必要だというよく言われる言い方を私がしたら、父が怒ったことを思い出す。父は私に理論という言葉を定義させてみて、私がうまく定義できないと、こ

の言葉の意味を説明し、私が使った俗な言い方の間違いを教えてくれた。そして、理論というものを正確に定義できず、それを何か実際とはくい違うことがあるもののように言ったことで、私は自分が無類の無知を暴露したのだということを心の底から納得させられたことを思い出す。この点、父はずいぶん無茶な教え方をしたように思えるし、実際そうだったのかもしれない。しかし、今考えるに、父が無茶だったのは私が定義できないのを怒ったところだけだったと思う。自分のできないことは一切要求されたことがない生徒は、決して全能力を引き出すことができないのである。

6/23, 6/24, 6/27, 7/4

6
Entrance Examination of Hosei University

次の英文は法政大学の入試で出題されたもので、主人公の Nick 少年が大人の偽りの姿を知った時のことを描いた文章の一節です。

 問　下線部①②③を和訳しなさい。

When Nick was younger, he had believed everything everybody told him about themselves. And not only told him — ①because more often than not they didn't tell you, they just showed you. ②They acted what they wanted you to think they were, just as if it was really what they really were. When Nick saw someone who was brave and a sort of hero, he had really believed he was that. And of course this made him feel cheap because he knew he himself could never be like that. ③Christ, no wonder he had taken a back seat all his life!

第1文は「ニックは小さい頃、他人がニックに対して『僕はこういう人間なんだよ』と語ることを何から何まで全部信じていた」という意味です。第2文の not only told him は第1文の everybody told him を受けて「彼らはニックに対して『語った』だけではなかっ

Part 1 ● 良文を読む ● 6

た」と言いたいのです。だとすると、文法的に正しい英語は They did not only tell him. です。しかし、筆者は、直前の文から told him を取り出して、その前に直接 not only をつけて「not only (だけではない) + told him (ニックに語った)」としたのです。これは文法的には破格です。

さて、because 以下を考えてみましょう。これを「because ... tell you が副詞節で、they just showed you という主節を修飾している」と考えてはいけません。これでは「彼らはしばしば人に語らなかったので、ただ行動で示した」となって意味が通りません。正しくは、because から最後までが副詞節で、節内に more often than not they didn't tell you と they just showed you という2つのS+Vが、コンマだけでつながれて、入っているのです。この2つのS+Vは同内容の言い換えなので、and を使わず、コンマだけでつないでいるのです。すると「彼らはしばしば人に語らなかった、逆に言うと、ただ行動で示したからなのだ」となります。

ところで、これは、主節である not only told him に対する理由なのですが、単純に「彼らがニックに対して『語った』だけではなかった＝行動でも示した」ことの理由ではないのです。そうではなくて、ここは、筆者が今 not only told him と書いた（＝筆者がそのように判断した）理由なのです。つまり「彼らはニックに対して『語った』だけではなかった。なぜ（私がこう言う）かというと、彼らはしばしば人に語らず、ただ行動で示したからなのだ」と言っているのです。

what they are は、They are X. （彼らは現在Xである、彼らは実際Xである）のXを関係代名詞の what に代えたもので、「彼らの現在の姿」とか「彼らの実際（ありのまま、本当）の姿」という意味を表します。本文はこれがもう少し複雑になっています。They want you to think that they are X. （彼らは、自分は実際Xであると他人に思わせたがっている）という文のXを関係代名詞の what に代えると what they want you to think that they are（彼らが自分の実際の姿であると他人に思わせたがっている姿）となります。ここから従属接続詞の that を省略したのが本文です（cf. p.7「関係詞連鎖」）。したがって、what they wanted you to think they were の全体が名詞節で acted の目的語になっているのです。「彼らは、これが自分の実際の姿であると他人に思わせたがっている姿を演じた」という意味です。just as if it was really what they really were の it は what they wanted you to think they were を指し、what they really were は「彼らの本当の姿」という意味です。したがって、ここは「まるで、それが彼らの本当の姿であるかのように（...を演じた）」となります。

　登場人物が心の中で思ったことを quotation marks でくくらずに、地の文の中に埋没させて書く書き方を「描出話法」といいます。描出話法では、時制や人称代名詞や時間・場所の副詞などは筆者から見た形に変化させます。この点は間接話法と同じなのです。最後の Christ, no wonder he had taken a back seat all his life! は、ニックが心の中で思ったことを描出話法で書いたものです。時制と人称代名詞は筆者の目から見た形に変化しています。本当にニックが心の中で思ったのは Christ, no wonder I have taken a back seat all my life!（こんちくしょう、僕がこれまでずっと人の後塵(こうじん)ばかり拝してきたのも当然だ！）という文です。

【試訳】
　ニックは小さい頃、他人がニックに対して「僕はこういう人間なんだよ」と語ることを何から何まで全部信じていた。彼らはニックに対して「語った」だけではなかった。というのは、彼らはしばしば口で語らず、ただ行動で示したからなのだ。彼らは、これが自分の実際の姿であると他人に思わせたがっている姿を、それがまるで彼らの本当の姿であるか

のように、演じた。ニックは、勇敢で英雄のような人を見ると、その人はそういう人なんだと頭から信じ込んだ。そして、当然のことながら、自分は決してそういうふうにはなれないことを知っていたので、自分を安っぽい人間だと感じた。こんちくしょう、これじゃ、僕がこれまでずっと人の背中ばかり追っかけてきたのも当然だ！

6/24, 6/25, 6/28, 7/5

7
The Peace Negotiations between China and Japan in 1895

　日清戦争は朝鮮の支配をめぐって日本と清が戦った戦争です。両国は開戦以来8ヶ月、陸海に激しい戦闘を展開した後、1895年3月アメリカの仲介で講和交渉に入ります。講和会議が開かれたのは日本の馬関（今の下関）でした。日本全権は伊藤博文首相と陸奥宗光外相、清国全権は李鴻章です。この会議は通訳を介して英語で行われました。次の英文は、下関講和会議の談判を記録した *Documentary History of the Peace Negotiations between China and Japan, March — April, 1895* と題する、1895年に天津で出版された本の一節です。

 問　下線部を和訳しなさい。

Ito: While at Tientsin ten years ago I discussed with Your Excellency upon reforms in China, but I deeply regret to see nothing whatever has been done in this direction.
Li: I remember Your Excellency advising that, in view of the vast area and population of China, administrative reforms should be effected gradually; yet, shame to say, ten years have wrought no changes.

> When in Peking before starting on this mission I talked over these matters with our Ministers of State, and some of them fully realized that China must reform if she would hold her own.
>
> Ito: Heaven is impartial and speeds the right. If China will but make an effort help will come from on High. <u>Let there be the will and Heaven, who cares alike for us all, will not forsake you</u>; thus a nation may control its own destiny.

　上のやりとりは、下関講和会議の初日、実質的討議に入る前に伊藤博文と李鴻章が10年前の天津条約の思い出話をしているところです。1885年4月、甲申事変の後始末として日清間に天津条約が締結された際、伊藤と李鴻章は今回と同様に全権として交渉にあたったのです。その時、伊藤は李鴻章に清の近代化について献策したのですが、その後何の進展もないではないか、と言っているわけです。

　通常 whatever は複合関係詞と呼ばれて、名詞節か副詞節を作る言葉です。ところが、これとは別に副詞として at all (＝in any way ＝どんな形にしても) という譲歩の意味を表すことがあります。この用法のときは名詞の直後に置いて使います。本文の whatever はこの用法です。

　be effected gradually の effect は「～をもたらす」という意味です。have wrought no changes の wrought は work の過去分詞形で古い形です。今は worked と言うところです。ここの work は「～を生ぜしめる、起こす」という意味です。hold one's own は「屈しない、(他と比べて) 負けない」という意味です。speed は help to prosper という意味の動詞で God speeds the right. は「神が正義を

The Peace Negotiations between China and Japan in 1895

行わしめる」という意味です。その後の but は副詞で only と同じ意味です。if S will but V は「S が V する意思さえあれば」という意味です。次のように使います。

If he will but accept the faith, he can yet be saved.
「信仰を受け入れる意思さえあれば、彼はまだ救われる」

　on High は「天において」という意味の副詞句で、この副詞句全体が from の目的語になっています。

　There is ～（～がある）を第5文型の目的語と補語のところにはめ込むときは、there を目的語の位置に置き、be 動詞は不定詞に変えて補語の位置に置くことになっています。すると「S V there to be ～」という形になります。たとえば I don't want there to be any trouble.（私は面倒が起こるのを望まない）のような具合です。次の文は、動詞が使役動詞なので補語が原形不定詞になっています。

He made there be silence in the classroom.
「彼は教室を静かにさせた」

　本文の Let there be the will はこの形です。命令文なので、主語の You が省略されています。「意思が存在するようにせよ ⇒ 志を立てなさい」という意味です。その次の and は「命令文 + and ～（…せよ、そうすれば～）」の and です。

【試 訳】
伊藤博文：本大臣、十年前天津に参りしとき、閣下と共に清国の改良策を論ぜしことあり。しかれども、今日に至るまで清国においてこの方面

に一つもその実行を見ざるは本大臣の深く遺憾とするところなり。

李鴻章： 本大臣、閣下が忠告されしこと記憶せり。曰く、清国地広く人多し、国内統治を改良するに、漸に非ざれば不可なりと。当時を去ること既に十年、然れども一事の改めたる無し。本大臣深くこれを恥ず。

　本大臣、今回の使命を拝して日本に来(きた)るの前、北京にて国家の大員と共にこれらの事を論ず。皆には非ざれども、彼ら、清国世界各国に後(おく)れを取らざらんと欲すれば、改革せざるべからざること、充分に理解しあり。

伊藤博文： 天に私恩なし、ただ善を好む。もし貴国にして努力を惜しまざる心さえあらば、助け天より来たらん。志を立てられよ、されば、天は民を偏せず保護(ほうご)するものなれば、貴国を見捨てることなからん。かくして、国家は自国の運命を自手に握ることを得べし。

8

Cakes and Ale
by William Sommerset Maugham

次の英文は William Sommerset Maugham (1874-1965) の代表作 *Cakes and Ale*『お菓子と麦酒』(1930) からの抜粋です。タイトルに使われている cakes and ale は「人生の快楽」という意味の慣用句です。

> 問1 下線部①の but が不自然ではないことを説明しなさい。
> 問2 下線部②を和訳しなさい。
>
> I was determined to learn to ride the bicycle by myself, and chaps at school had told me that they had learned in half an hour. I tried and tried, and at last came to the conclusion that I was abnormally stupid, ①but even after my pride was sufficiently humbled for me to allow the gardener to hold me up ②I seemed at the end of the first morning no nearer to being able to get on by myself than at the beginning.

chap は「奴、男」という意味のくだけた表現で boy や fellow に匹敵します。この文では「学校の友達」という意味です。had told は過去完了形なので、was determined より時間的に前であることが

わかります。このことから「友達が 30 分で乗れるようになったと言ったので、1 人で自転車に乗る練習をする決心をした」という関係が読み取れます。that I was abnormally stupid は the conclusion の内容を説明する同格名詞節です。stupid は通常は「知能が低い」という意味ですが、ここの文脈では「運動神経が鈍い」という意味です。

　次の but は少し考えなければなりません。もし「運動神経が鈍いという結論に至った。しかし、コツをつかんだら、あっけなく乗れるようになった」なら、「しかし」の前後が逆接なので、問題ありません。ところが、この文では「運動神経が鈍いという結論に至った。しかし、午前中いっぱいやっても乗れるようにならなかった」という内容ですから、「しかし」の前後は逆接ではなく、むしろ順接です。このために「しかし」が不自然に感じられるのです。こういうときは「しかし」の直後に「譲歩」を置けばよいのです。たとえば「運動神経が鈍いという結論に至った。しかし、その結論に基づいて、運動神経が鈍い人用の特別なプログラムで練習してみたのだが、午前中いっぱいやっても乗れるようにならなかった」とすれば不自然さは解消します。この「but の直後の譲歩」が本文では even after ... up の副詞節の部分なのです。「運動神経が鈍いという結論に至った。しかし、それで 1 人で練習するのはあきらめて、手助けを頼んだのだが、午前中一杯やっても乗れるようにならなかった」と言っているのです。

　humble one's pride は「人の高慢の鼻をくじく」という意味で、これが受身になっています。to allow は不定詞副詞用法で sufficiently を修飾し、for me は to allow の意味上の主語を示しています。したがって、ここは「庭師が私の体を支えるのを私が許すのに十分なほど、私の高慢の鼻がくじかれる ⇒ プライドを捨てて、庭師に体を支えてもらう」という意味になります。

Cakes and Ale by William Sommerset Maugham

「S no 比較級 ... than 〜」は「当然『Sは〜より比較級 ... だ』と思うでしょうが、実はそんなことはなく、『Sが〜より比較級 ... 』である度合いは no（＝ゼロ）で、Sと〜は『比較級 ... 』に関しては同程度なのです」という意味を表します (cf. p. 101)。したがって、本文は次のような意味になります。

I seemed at the end of the first morning no nearer to being able to get on by myself than at the beginning
「今度は人に体を支えてもらっているのですから、初日の午前中終わりの状態は当然練習始めのときの状態より『1人で自転車に乗れる』に近づいたはずだと思うでしょう。しかし、実はそんなことはなく、『近づいた』度合いは no（＝ゼロ）で、初日の午前中終わりの状態と練習始めのときの状態は、『1人で自転車に乗れる』に関しては同程度の近づき具合なのです」

ところで「練習始めのとき」は「全く乗れない状態」だったのですから、これと同程度の近づき具合ということは、依然として全く乗れない状態なのです。そこで「初日の午前が終わる頃になっても、やり始めたときと同じく、1人で自転車に乗れるにはほど遠い状態だった」という内容を表すことになるのです。

no nearer to ... than 〜の英文をもう1つ紹介しましょう。

If you choose your friends on the ground that you are virtuous and want virtuous company, you are no nearer to true friendship than if you choose them for commercial reasons.
「自分は道徳的に高潔な人間なのだから友人にも高潔な人間が欲しいという考えで友達を選ぶなら、損得をよりどころにして友達を選んだときと同様に真の友情からは遠いことになる」

損得を基準に友達を選んだら真の友情から一番遠いことは明らかです。したがって、自分が高潔だから高潔な友人が欲しいという考えで友達を選ぶことは、あまり誉められたことではありませんが、損得で友達を選ぶことに比べれば、まだ真の友情に近いと思うのが当然です。ところが、この英文はそれを否定して、どちらも真の友情への近さは同程度だと言うのです。その結果、自分が高潔だから高潔な友人が欲しいという考えで友達を選ぶことは、誉められたことでないどころか、真の友情からは全くかけ離れているという内容になるのです。

【試 訳】
　私は自分1人で自転車に乗る練習をする決心をした。学校の友人たちが30分で乗れるようになったと言っていたのだ。私は繰り返し、繰り返しやってみた。そしてとうとう、自分は人並みはずれて運動神経が鈍いという結論に達した。しかし、プライドを捨てて庭師に体を支えてもらった後でさえ、初日の午前が終わる頃になっても、やり始めたときと同じく、1人で自転車に乗れるにはほど遠い状態に思われた。

© Due acknowledgement must be made of the permission of A P Watt Ltd on behalf of The Royal Literary Fund.

9

After Twenty Years
by O. Henry

O. Henry (1862–1910) は 20 世紀初頭にニューヨークで活躍した短編作家です。彼はわずか 48 年という短い生涯の間に膨大な数の短編小説を残しました。その多くは今でも読み継がれています。日本でも *The Last Leaf*『最後の一葉』が検定教科書に載っていた時期があり、名前を聞くと懐かしく思う方も多いと思います。次の英文は、日本人には『最後の一葉』と同じくらい馴染み深い *After Twenty Years*『20 年後』(1906) の一節です。

問　下線部を和訳しなさい。

"Twenty years ago tonight," said the man, "I dined here at 'Big Joe' Brady's with Jimmy Wells, my best chum, and the finest chap in the world. He and I were raised here in New York, just like two brothers, together. I was eighteen and Jimmy was twenty. The next morning I was to start for the West to make my fortune. You couldn't have dragged Jimmy out of New York; he thought it was the only place on earth. Well, we agreed that night that we would meet here again exactly twenty years from that date and time, no matter what our conditions might be or from what distance we might have to

> **come. We figured that in twenty years each of us ought to have our destiny worked out and our fortunes made, whatever they were going to be."**

　here at 'Big Joe' Brady's は、まず「ここ」と言って、それをさらに詳しく「ビッグ・ジョー・ブラディズで」と言い換えているのです。here in New York も同じ言い方です。'Big Joe' Brady's は所有格です。これは 'Big Joe' Brady's restaurant の省略形です。

　You couldn't have dragged Jimmy out of New York は仮定法過去完了の主節(＝帰結節)です。一般に「仮定法過去完了」は「過去の事実の反対を表す」と言われています。しかし、必ずそうなるのは条件節の方で、主節は必ずしも「過去の事実の反対の帰結」を表すわけではないのです。条件節に「譲歩」が含まれているときは、主節の「助動詞の過去形＋have p.p.」は事実と同じ内容を表現するのです。たとえば次の文を見てください。

Even if he had not studied hard, he would have passed the examination.
「彼は、たとえ一生懸命に勉強しなかったとしても、試験に受かったことだったろう」

　この文の背後にある事実は「彼は一生懸命勉強して、試験に受かった」です。したがって、主節の would have passed the examination は表現内容と事実が一致しています。

　本文の You couldn't have dragged Jimmy out of New York の場合も、これと同じです。この文の表現内容(＝ジミーをニューヨークから引っ張り出せなかった)は「過去の事実の反対」ではなく、まさ

しく「過去の事実そのもの」です。ということは、表面に現れていない条件節には「譲歩」が含まれていると考えられます。つまり、この文に対する条件節は「もしも〜だったなら」ではなく「たとえ〜だったとしても」なのです。そこで、これを補って読むと「たとえどんなことをしても、ジミーをニューヨークから引っ張り出すことはできなかったでしょう」となります。

　よく no matter what = whatever とか no matter who = whoever と言いますが、no matter 構文の本質は「no matter + 間接疑問文」なのです。つまり、間接疑問文（= 疑問詞が作る名詞節）の前に no matter をつけると「関接疑問文は問題ではない、そんなこととは無関係に」という意味の副詞要素に転化するのです。たとえば in what way he did it という間接疑問文に no matter をつけて no matter in what way he did it にすると「どんなやり方で彼がそれをやったかは問題ではない、そんなこととは無関係に ⇒ どんなやり方で彼がそれをやろうとも」となります。これを whatever を使った副詞節に書き換えると in whatever way he did it になります。本文は what our conditions might be（我々の状況がどうであるか）と from what distance we might have to come（我々がどんな遠いところから来なければならないか）という 2 つの名詞節（前者は疑問代名詞の what が作る間接疑問文で、後者は疑問形容詞の what が作る間接疑問文です）が、その前に共通に no matter が置かれたことによって、「このどちらも問題ではない、そんなこととは無関係に」という意味の副詞要素に転化しているのです。

【試 訳】
　「20 年前の今夜のことなんですが」とその男が言った。「僕はこのビッグ・ジョー・ブラディズでジミー・ウェルズと食事したんです。奴

は親友で、世の中にあいつくらいいい奴はいませんよ。奴と僕はこのニューヨークでまるで兄弟のように一緒に育ったんです。僕が18、ジミーは20歳でした。その翌日の朝、僕は一旗揚げるため西部に発つことになってたんです。ジミーの方は、どんなことをしたって、ニューヨークから引っ張り出すことはできなかったでしょうよ。あいつは、ここが地球上で唯一の住む場所だと思い込んでいましたから。それで、僕らはその晩に約束したんです。2人の境遇がどうなっていようと、あるいは、どんな遠い所から来なければならなくても、その日その時からきっかり20年後にここで再会しようとね。20年もたてば、2人とも自分の運命を切り開き、それなりの財産を作っているはずだ、たとえそれがどんなものになるにしても、とまあこう考えたんですよ」

10
Essays of Elia
by Charles Lamb

　今回は、明治末年に紹介されて以来、日本においても不朽の名作の名をほしいままにしてきた Charles Lamb (1775-1834) の *Essays of Elia*『エリア随筆集』(1823) です。戦前の大英文学者平田禿木（とくぼく）は Lamb について、次のように書いています。「彼が散文に於けるは、キイツが詩に於ける如きものがあった、その技実に神に入っている。自分はこれを以って英文学の双璧としたい。」

　ここに取り上げた英文は "Mackery End, in Hertfordshire" と題するエッセイの一節です。これは、Lamb が姉の Mary のことを Bridget Elia という登場人物に仮託して語っているところです。今回の訳文は禿木訳です。「エリアの如き名文は禿木氏の筆を俟（ま）ってはじめて其の真味が窺われるものとは、独り自分のみの感じではない（岡倉由三郎）」「『エリア随筆集』における禿木の訳しぶりの巧みさはほとんど翻訳における奇跡といってよいほどのものである（小川和夫）」とまで評されている平田禿木の名訳を味わってください。

問　下線部を和訳しなさい。

Her education in youth was not much attended to; and she happily missed all that train of female garniture which passeth by the name of accomplishments. She was

> tumbled early, by accident or design, into a spacious closet of good old English reading, without much selection or prohibition, and browsed at will upon that fair and wholesome pasturage. Had I twenty girls, they should be brought up exactly in this fashion. I know not whether their chance in wedlock might not be diminished by it, but <u>I can answer for it that it makes (if the worst comes to the worst) most incomparable old maids.</u>

was attended to は attend to ～（～に注意を払う）を受身にしたもので「群動詞の受身」です（cf. p. 15）。happily は文修飾副詞で、she missed all ... accomplishments の全体を修飾しています。次の2つの例文を比べてください。

Happily he did not die.
「幸いなことに、彼は死ななかった」（Happily は文修飾）

He did not die happily.
「彼は幸せな死に方をしなかった」（happily は語修飾）

　miss は「しないで済ます」という意味で、miss meals（食事を抜く）のように使います。all that train of female garniture は「あの一連の女性の装飾のすべて」という意味です。-eth は古い英語で3人称・単数・現在形の動詞を作る接尾辞です。したがって passeth は今の英語なら passes と言うところです。
　accomplishments は「たしなみ、教養」という意味です。a spacious closet of good old English reading（古き良き英国の読物の広々

とした収納室)は、おそらく「父親の書斎ないしは蔵書」を指しています。that fair and wholesome pasturage(あの美しい健全な牧場)は metaphor(隠喩)で、good old English reading(古き良き英国の読物)を指しています。したがって browsed at will(意のままに草を食(は)んだ)というのは「好き放題に読書した」ということです。Had I twenty girls は「倒置による if の省略」が起こっていて、普通の語順で言えば if I had twenty girls となります。この if は仮定 + 譲歩（= even if）で「たとえ私に 20 人の娘がいるとしても」という意味です。

　3 人称の主語に shall を使った場合「私は S に V させよう」という意味を表します。たとえば They shall be dismissed. と言った場合は「私は彼らが解雇されるようにしよう ⇒ 彼らは首だ」という意味で、I will dismiss them. と同じ意味です。they should be brought up の should は、この shall を仮定法過去で使ったものです。したがって、この文は I would bring up them（私は彼らを育てるだろう）という意味です。

　answer for 〜 は「〜を保証する、〜の責任を持つ」という意味ですが、〜に that 節を入れたいとき answer for that S + V とすることはできません。なぜなら that 節が前置詞の目的語になるときは、in や except など一部の前置詞の他は、前置詞を省略しなければいけないというルールがあるからです。そこで、本文はとりあえず仮目的語の it を for の目的語にして for を残し、その後で真目的語として that 節を置いたのです。see to it that S + V（S が V するように取り計らう）なども同様の表現です。

　it makes most incomparable old maids の it は they should be brought up exactly in this fashion を指しています。most は絶対最上級で「きわめて、非常に」という意味の強調語です。incomparable は「たぐいまれな、比類のない」という意味です。if the worst comes to the worst は「最悪の場合には」という意味ですが、ここでは if＝even if で「最悪の場合でも」という意味です。

【平田禿木訳】
　娘の折のその教育は、余り面倒を見られなかった方なのでして、幸ひにもあの、芸事といふ名で通っている、数々の女性の身の装飾一切を割愛して仕舞ったのでした。ちょっとした拍子でか、また、特に思ひ立ってか知れないが、幼い頃から、別に大して選択もせず、また、禁止もされずに、古英国の穏健な読物の、廣い文庫へと転げ込み、あの麗はしい、健全な牧場の中で、心のままに草を喰んだのでした。手前に二十人の娘があったにせよ、きっかりこれと同じ流儀で育てたに違ひありませぬ。その為め縁が遠くなる心配はないか何うか、そこは保証の限りではないのですが、(よくよく間が悪いにしたとこで) 無類飛切という好老嬢を成すこと、屹度もう請合ひであるのです。

11

Experiments in Plant-Hybridisation
by Gregor Johann Mendel

1865年2月8日と3月8日の2回にわたって、オーストリアの地方都市ブリュン（現在はチェコのブルノ）の博物学会において *Experiments in Plant-Hybridisation*『植物雑種法の実験』と題する論文が報告されました。論文を読み上げたのは43歳の修道士 Gregor Johann Mendel です。これこそ、遺伝学の扉を押し開き、自然の秘密の1つを解き明かす端緒となった世紀の大発見でした。しかし、この論文はその後35年間誰にも注目されず、その真価が認められたのはメンデルが死んだ16年後の1900年のことでした。

今回取り上げるのは、メンデルの原論文を英国王立園芸協会が1901年に英語に翻訳したものです。周知の如く、メンデルは実験用植物として「えんどう豆」を選びました。彼は、種子の形、子葉の色、茎の長さなど7つの形質を取り上げ、各形質のそれぞれについて、異なる特徴を現す親同士を交配させて、そこから生まれる子にどのような特徴が現れるかを観察するところから実験を始めます。メンデルの歴史的論文の一節（優劣の法則に関する部分）を読んでみましょう。

> 問　下線部はどういうことを言っているのか説明しなさい。

In the case of each of the seven crosses the hybrid-

character resembles that of one of the parental forms so closely that <u>the other either escapes observation completely or cannot be detected with certainty</u>. This circumstance is of great importance in the determination and classification of the forms under which the offspring of the hybrids appear. Henceforth in this paper those characters which are transmitted entire, or almost unchanged in the hybridization, and therefore in themselves constitute the characters of the hybrid, are termed the *dominant*, and those which become latent in the process *recessive*. The expression "recessive" has been chosen because the characters thereby designated withdraw or entirely disappear in the hybrids, but nevertheless reappear unchanged in their progeny, as will be demonstrated later on.

　crossesは交配受精のことです。メンデルは7個の形質について実験したので、7回の交配を行なったのです。hybrid (雑種) は異なる種の植物を交配させてできた子を指すのが通常ですが、メンデルは同種の植物 (=えんどう豆) で1つの形質 (たとえば子葉の色) について異なる表現形 (黄色と緑色) を持つ個体同士を交配させてできた子をhybridと呼んでいます。escape from 〜 は「〜から逃げる」ですが、escape 〜 は「〜を免れる」という意味です。従ってescapes observationは「観察を免れる ⇒ 観察されない」という意味になります。

　the hybridsは交配によってできた最初の子 (=雑種第1代) のことで、通常F1という記号で表されます。the offspringはthe hybrids

Experiments in Plant-Hybridisation by Gregor Johann Mendel

(＝F1)同士を交配させてできた子(＝雑種第2代＝F2)です。「This circumstance(＝ある形質についてF1のすべてが、ある特定の同じ表現形をとるということ)がF2のformsを決定し分類する上で極めて重要である」というのは、たとえばF1の子葉の色がすべて黄色だったとすると、F2の子葉の色は黄色と緑が3対1の割合で出現することが決まる(分離の法則)ということを指しています。メンデルは、この後でF2について報告するときに「分離の法則」を説明します。ここでは、その予告をしているのです。

are transmitted entirelyだとentirelyは副詞ですからare transmittedを修飾し「伝えられ方が完全だ」と言っていることになります。これに対し、本文のようにare transmitted entireとすると、entireは形容詞ですからare transmittedを修飾しているのではなく、伝えられた際の、主語(＝which＝those characters)の状態を説明しています。すなわち「欠けるところがない完全な状態で伝えられる」という意味です。このような使い方をした形容詞を「準補語」といいます(cf. p. 177)。almost unchangedも準補語です。

*recessive*の前にはare termed theが省略されています。designatedはthe charactersを修飾する過去分詞形容詞用法です。asはwill be demonstratedの主語になる関係代名詞で、先行詞はreappear unchanged in their progenyの部分です。

【試 訳】
　7回の交配の各々の場合に、雑種である子が現す形質は両親の一方が持っていた形質に極めて近似しており、両親の他方が持っていた形質は子においては全く認められないか、もしくは確実には検知できない。この状態は、雑種である子のさらにその子供がどのような形質を持って現れるかを決定し、かつ分類することにおいて、極めて重要な意義を持っ

ている。これ以後、本論文においては、雑種交配の際、全くそのままで、ないしはほとんど変化せずに雑種である子に発現し、それゆえそれ自体が、雑種である子の形質を形成する方の形質を「優性」と呼び、その過程で姿を現さない方の形質を「劣性」と呼ぶことにする。「劣性」を表すのに recessive（後退）という表現を選んだのは、この言葉によって示される形質は雑種である子においては引っ込む、すなわち完全に姿を消しているが、それにもかかわらず、後に証明するように、雑種である子のさらにその子供においては変化せずに再び現れるからである。

12

Erewhon
by Samuel Butler

　今回は英国の作家 Samuel Butler (1835–1902) のユートピア小説 *Erewhon* (1872) です。Erewhon (エレホン) は Nowhere の綴りを逆にして作った仮想国家の名前です。厳密に綴りを逆にすると Erehwon となるのでしばしば間違われますが、Erewhon が正しい題名です。この作品は、仮想国家エレホンの見聞記という形式で書かれた近代社会に対する諷刺小説です。以下に取り上げたのは第 16 章 "Arowhena" の一節です。この文章は以前東京大学の入試に出題されたことがあります。冒頭の Their は Gods を指しています。

問　下線部を和訳しなさい。

　Their interest in human affairs is keen, and on the whole beneficent; but they become very angry if neglected, and punish rather the first they come upon, than the actual person who has offended them; their fury being blind when it is raised, though never raised without reason. They will not punish with any less severity when people sin against them from ignorance, and without the chance of having had knowledge; they will take no excuses of this kind, but are even as the English law,

Part 1 ● 良文を読む ● 12

which assumes itself to be known to every one.

　their fury being blind は独立分詞構文（＝意味上の主語がついた分詞構文）です。their fury が意味上の主語で、being が分詞構文、blind は being の補語です。though never raised without reason は though it is never raised without reason の省略形で「神々の怒りは理由なく掻き立てられることは決してないが」という意味です。

　They will not punish with any less severity の any は副詞で less を修飾しています。「神々は、どんな程度にせよ（＝ any）より少ない厳格さ（＝ less severity）をもって罰することはしない習性がある ⇒ 神々が罰する際の厳格さはいささかなりとも緩和されることはないものだ」という意味です。この will は「主語の習性を表す will（＝習性の will）」です。

　when people sin against them の sin は動詞で「人々が神々に対して罪を犯すとき」という意味ですが、この後に続く副詞句の内容を考え合わせると、when の前には even が省略されていて「人々が神々に対して罪を犯すときでさえ」という意味であることが分かります。ignorance（無知）は「神を知らないこと」です。したがって from ignorance は「神を知らないことから ⇒ 神を知らないことが原因で」という意味です。

　そこで、神を知らないことが原因で罪を犯したケースを考えてみましょう。この場合、事前に神を知る機会はいくらでもあったのに、自分がサボって神を知ることを怠ったというなら責任は免れません。しかし、事前に神を知る機会が全くなくて神を知らなかったのであれば、情状を酌量して罪一等を減じることがあってもよさそうですしかし、エレホンの神々は後者の場合でも追及の手を緩めることはしないのです。これを説明したのが without the chance of having had knowledge の部分です。knowledge は「神々を知ること」で、having had という完了動名詞を使っているのは、罪を犯す前の時点で knowledge を入手することを表すためです。したがって、このフレーズは「罪を犯す前に神々を知る機会がなくて（罪を犯す時でさえも、罰する際の厳格さは少しも緩和されない）」という意味になります。

but are even as the English law の but は not A but B（A ではない。そうではなくて B）の but です。even as 〜 は古い英語で「ちょうど〜のように」という意味です。したがって、ここは「（神々はこの種の言い訳は受け付けないものなのだ。）そうではなくて、（神々は）ちょうど英国の法律のようである」という意味になります。which assumes itself to be known to every one は「法は自分が誰にでも知られているとみなす ⇒ 法は誰でもその内容を知っているものとみなす」ということです。つまり、エレホンの神々はいわゆる「法の不知は恕さず」という法諺（＝法のことわざ）と同じ態度を人間に対してとるのです。

【試訳】
　神々は人間がする様々な事柄に強い関心を持っているが、その関心は概して恩恵的である。しかし、神々は粗略にされるとひどく怒り、そうなると神々を怒らせた当の本人よりも、手当たり次第に最初に出会う人間を罰する。神々の怒りは、理由なく掻き立てられることはないが、ひとたび掻き立てられると見境ないのである。人々が、無知が原因で、それも事前に神々を知る機会がなくて、神々に対し罪を犯す場合でも、罰の厳しさが緩和されることはない。神々はこの種の言い訳は受け付けないものなのだ。ちょうど、誰でも当然内容を知っているものとみなしている英国の法律のようである。

13
Wilkie Collins and Dickens
by T. S. Eliot

　推理小説ファンの間では英国の詩人 T. S. Eliot（1888–1965、1948年ノーベル文学賞受賞）が William Wilkie Collins の *The Moonstone*『月長石』(1868) を *The Moonstone* is the first and greatest of English detective novels. と評したことはよく知られています。この言葉は *Wilkie Collins and Dickens* (1927) と題するエリオットが書いた評論の中に出てくるのですが、この評論を読むとエリオットがコリンズの小説をディケンズの小説に比肩するものとして高く評価していたことがわかります。

　次に紹介するのはこの評論の一節で、コリンズの最高傑作とされる *The Woman in White*『白衣の女』(1860) に出てくる2人の登場人物 Count Fosco と Marion Halcombe を取り上げて、コリンズとディケンズの Characterization（性格創造）について対比しているところです。

問　下線部を和訳しなさい。

　Dickens's characters are real because there is no one like them; Collins's because they are so painstakingly coherent and lifelike. Whereas <u>Dickens often introduces a great character carelessly, so that we do not realize, until the story is far advanced, with what a powerful person-

> *Wilkie Collins and Dickens* by T. S. Eliot
>
> age we have to do, Collins, at least in these two figures in *the Woman in White*, employs every advantage of dramatic effect. Much of our impression of Marion is due to the words in which she is first presented: ... (remainder omitted)

　形容詞の what は「疑問形容詞」「感嘆形容詞」「関係形容詞」の3つに分かれます（必ずこの3つのどれかです）。そして、このいずれもが名詞節を作ります。次の例文を見てください。

He did not know what difference this would make.
「彼はこれがどんな違いを生み出すかわからなかった」（疑問形容詞）

He did not know what a difference this would make.
「彼はこれがどんなに大きな違いを生み出すかわからなかった」
（感嘆形容詞）

　疑問形容詞の what の場合は後に続く名詞との間に不定冠詞が入ることは決してありません。それに対し、感嘆形容詞の what の場合は後に続く名詞が「可算名詞の単数形」のときは間に不定冠詞が入ります。また、上の例文は感嘆形容詞の what と後に続く名詞との間に不定冠詞しか入っていませんが、ここには形容詞が入るのが普通です。たとえば、次のようになります。He did not know what a great difference this would make. ただし、どんな形容詞が入るか読者に推測できるときは、前の文のように、形容詞を言わないことも多いのです。日本語でも「彼はなんて天才なんだ」と言いますが（「なんて」の後に「素晴らしい」が省略されています）、これと同じで

す。感嘆形容詞の what が名詞節を作っているときは、what を「どんなに」または「いかに」と訳します（疑問形容詞の場合は「どんな」です）。

The rescue ship came back with what survivors had been found.
「救助船は発見されたすべての生存者を乗せて帰ってきた」

(関係形容詞)

　関係形容詞の what は「すべての～」という意味を表します。したがって、what survivors had been found は all the survivors that had been found に書き換えることができます。関係形容詞の what の場合は後に続く名詞が可算名詞のときは必ず複数形になります。したがって、形容詞の what と後に続く名詞との間に不定冠詞があるときは、その what は感嘆形容詞に決まります。

　それでは、以上の知識に基づいて下線部を考えてみましょう。until the story is far advanced は副詞節で、コンマとコンマで区切られて主節に挿入されています。そこで、この部分を取って前後をつなげると、次のようになります。

we do not realize with what a powerful personage we have to do

　what と a powerful personage を切り離して、what を名詞（＝疑問代名詞か関係代名詞）にすると、what は with か do の目的語ということで処理できそうですが、a powerful personage の構造上の働きが説明できません。このことから、what は形容詞で a powerful personage を修飾していることがわかります。間に不定冠詞が入っ

ているので、このwhatは感嘆形容詞です。それでは、このwhatが作る名詞節はどこから始まっているのでしょうか？ what...doを名詞節にすると、what節はwithの目的語で、personageはdoの目的語になります。しかし、realizeは他動詞ですからrealize with 〜という使い方はしません。正解はwith...doが名詞節でrealizeの目的語になっているのです。personageはwithの目的語でhave to do with...personageというつながりになっています。

【試 訳】
　ディケンズの作中人物がリアルなのは、彼らに似た人間が誰もいないからであり、コリンズの作中人物がリアルなのは、彼らが首尾一貫した本物そっくりの人間になるようにコリンズが丹精込めて構成しているからである。ディケンズはしばしば重要な人物を無造作に登場させるので、我々は自分がどんなに有力な人物を相手にしなければならないのかということに、話がかなり進行するまで気が付かないことがよくある。それに対してコリンズは、少なくとも『白衣の女』に出てくるこの2人の人物においては、劇的効果を最大限に活用している。我々がマリオンに対して持つ印象の多くは、彼女が初めて紹介されるときの言葉に基づいている。

14

The House of Cobwebs
by George R. Gissing

　今回は英国の作家 George R. Gissing (1857–1903) の文章です。ギッシングと言えば、*The Private Papers of Henry Ryecroft*『ヘンリ・ライクロフトの私記』が有名ですが、今回は彼の死後 1906 年に発表された *The House of Cobwebs*『蜘蛛の巣の家』という短編小説の一節を読んでみましょう。

　この小説の主人公 Goldthorpe はロンドンに暮らす若い貧乏文士です。部屋代が払えなくなった彼は、それまで住んでいた部屋を引き払い、蜘蛛の巣が張った古い家に、大家の Spicer 氏の好意で、ただ同然の家賃で引っ越します。彼はその家で小説を書き上げますが、過労から病に倒れ、療養のため実家に戻ります。半年ほどたったある日、病の癒えつつあった彼のもとへ出版社から小説の版権を購入したいという連絡が入りました。Goldthorpe は早速ロンドンに出て出版社を訪ねます。その足で、彼はこの嬉しい知らせを Spicer 氏に知らせるべく、「蜘蛛の巣が張った家」に向かいます。次は、その情景を描いた一節です。

問　下線部の構造を考えなさい。

The next morning the triumphant author traveled to London. For two or three days a violent gale had been blowing, with much damage throughout the country; on

The House of Cobwebs by George R. Gissing

his journey Goldthorpe saw many great trees lying prostrate, beaten, as though scornfully, by the cold rain which now descended in torrents. Arrived in town, he went to the house where he had lodged in the time of comparative prosperity, <u>and there was lucky enough to find his old rooms vacant</u>. On the morrow he called upon the gracious publishers, <u>and after that, under a sky now become more gentle, he took his way towards the abode of Mr. Spicer</u>.

Eager to communicate the joyous news, glad in the prospect of seeing his simple-hearted friend, he went at a great pace up the ascending road.

　saw many great trees lying prostrate, beaten は、saw が不完全他動詞（＝第5文型を作る動詞）、many great trees が目的語、lying が現在分詞形容詞用法で補語です。lying は完全自動詞（＝第1文型を作る動詞）ですから、lying についている prostrate（＝形容詞）と beaten（＝過去分詞形容詞用法）の働きは「準補語」です（cf. p. 177）。

　過去分詞形の動詞は、be 助動詞がつくと「受身形」、have 助動詞がつくと「完了形」を構成します。それに対して、助動詞がつかずに単独で用いられると（この状態を「裸の過去分詞」と呼ぶことにします）「過去分詞形容詞用法」か「分詞構文」になります。「裸の過去分詞」は他動詞の過去分詞がなるのが普通です。したがって「裸の過去分詞」は通常「受身の意味」を表します。

　ところが一部の特定の自動詞は「裸の過去分詞」で用いられ、その場合には「～してしまった」という「完了の意味」を表すのです。このような自動詞は、完全自動詞（＝第1文型を作る動詞）の場合は

go、come、arriveなどの「往来発着」を表す動詞が中心で、それ以外ではhappen、fall、retire、gatherなどです。一方、不完全自動詞（＝第2文型を作る動詞）の場合はbecome、turn、goなどの「〜になる」という意味を表す動詞に限られます。次は後者の例文です。

He is a Christian turned Buddhist.
「彼は仏教徒になってしまったキリスト教徒だ」
⇒「彼は元キリスト教徒で今は仏教徒だ」

turnedは過去分詞形容詞用法でa Christianを修飾しています。Buddhistはturnedの補語です。以上の知識に基づいて、本文を検討しましょう。

Arrived in townのArrivedは完全自動詞の過去分詞形で、分詞構文として用いられています。意味は「ロンドンに到着（するのが完了）した時に」です。イギリス英語では単数無冠詞のtownがロンドンを表すことがあります。

there was lucky enough to find his old rooms vacantを「there is構文」と考えた人はいませんか？　そうではありません。thereはthe houseを指していて、wasの主語はheです。thereの前のandはwentとwasをつないでいるのです。

and after that, under a sky now become more gentle, の個所は頭をひねった人が多いと思います。構文がわからなくなったら活用を考えるのは英語の鉄則です。becomeは何形なのでしょうか？　becomeは原形か現在形か過去分詞形のどれかです。現在形だと必ず述語動詞ですから主語を探さなければなりません。しかし、skyもthatもheも3人称単数ですから、これらが主語であるなら現在形は3単現のsがついてbecomesにならなければいけません。したがって、現在形ではありません。では、原形でしょうか？　英文中で

The House of Cobwebs by George R. Gissing

「原形動詞を用いるケース」は次の5つです(『英語リーディング教本』p.6参照)。

1. to の後
2. (be と have 以外の)助動詞の後
3. 命令文の述語動詞
4. make, have, let などの補語
5. 仮定法現在

この5つ以外で原形動詞を用いるのは「cannot but 原形(原形せざるをえない)」などの慣用的な定型表現です。become はこの5つのいずれにも該当しないので、原形ではありません。消去法で become は過去分詞形に決まります。

裸(= be 助動詞も have 助動詞もついていない)ですから過去分詞形容詞用法か分詞構文のどちらかです。ここまでくればわかります。この become は過去分詞形容詞用法で a sky を修飾しているのです。more gentle は become の補語です。a sky now become more gentle は「今は(旅行中よりも)もっと穏やかになっ(てしまっ)た空」という意味です。

【試 訳】
　翌朝、作家は意気揚々とロンドンへ旅立った。この2、3日強風が吹きつのって、田舎のあちこちでかなりの被害があった。旅行中ゴールドソープはたくさんの大木が倒れていて、それが今滝のように降り注ぐ冷たい雨に、まるで軽蔑されているかのように、たたかれているのを見た。ロンドンに着くと、彼は比較的 懐(ふところ)具合がよかった頃に暮らしていた家に行ってみた。すると、幸いにも彼のもといた部屋は空いていた。

翌日、彼は慈悲深い出版社を訪ね、その後、今はもっと穏やかになった空の下を、スパイサー氏の住まいの方に向かった。
　嬉しい知らせを早く伝えたくて、また同時に、純真な心を持った友人に会える期待に胸を膨らませて、彼は上り坂を急ぎ足で上がって行った。

15
Scrambles amongst the Alps
by Edward Whymper

　今回は山岳文学の古典中の古典 Edward Whymper (1840–1911) の *Scrambles amongst the Alps*『アルプス登攀記』(1871) を読んでみましょう。本書に収録された山行中の白眉は何といってもマッターホルンの初登攀と下山中に起こった悲劇ですが、ここではドーフィネ・アルプスの名峰エクラン (4102 m) 初登攀 (1864) の記録から文章を取りました。

問　下線部を和訳しなさい。

　Small, ridiculously small, as the distance was to the summit, we were occupied nearly another hour before we gained it.

. . . (an omission) . . .

　The top was much too small to get upon, but we clustered round it a yard or so below.

　Did space permit me, I could give but a sorry idea of the view, but it will be readily imagined that a panorama extending over as much ground as the whole of England is one worth taking some trouble to see, and one which is not often to be seen even in the Alps. No clouds spoiled it, and a list of the summits we saw would include nearly all

> the highest peaks of the chain. I saw the Pelvoux now as I had seen the Ecrins from it three years before, across the basin of the Glacier Noir. It is a splendid mountain, although in height it is equalled, if not surpassed, by its neighbour the Alefroide.
>
> <u>Long as we should have liked to have enjoyed the view, we could stay but a short time</u>, and at a quarter to two we prepared to descend.

従属接続詞の as で譲歩(〜だけれども)の意味を表す副詞節を作るときは、as の前に名詞・形容詞・副詞のどれかを出し、as の後ろに S + V を置くことになっています。次のような具合です。

Strange as it may sound, it really happened.
「それは奇妙に聞こえるかもしれないが、本当に起こったのだ」

Small, ridiculously small, as the distance was to the summit はこの構文で、形容詞(= Small, ridiculously small)を as の前に出しています。「頂上までの距離は短かった、それもばかばかしいほど短かったのだが」という意味です。終わりの方の Long as we should have liked to have enjoyed the view もこの表現です。これは副詞(= long)を as の前に出しています。「私たちはできればその眺望を長く楽しみたかったのだが」という意味になります。

We should like to enjoy it. は We like to enjoy it. を丁寧に言う表現で「できればそれを楽しみたい(と今思う)」という意味です(should は仮定法過去の婉曲用法です)。これを過去にして「できればそれを楽しみたいと(そのとき)思った」と言いたいときは、should

Scrambles amongst the Alps by Edward Whymper

はすでに過去形でこれ以上過去にできませんから、like を完了形にして過去を表します。すると We should have liked to enjoy it. となります。この表現で、不定詞の表す内容が実現しなかった（＝楽しみたいと思ったが、実際には楽しめなかった）ことを強調したいときは不定詞を完了不定詞にします。すると We should have liked to have enjoyed it.（私たちはできればそれを楽しみたいと思ったが、実際には楽しめなかった）となります。これが本文の表現です。

The top was much too small to get upon（頂上は小さすぎて上には立てなかった）としたら we clustered round it a yard or so below（私たちはみんなで山頂の1、2ヤード下のところを取り巻いた）のは自然なことで、この2つは特に逆接とは感じられません。そこで、この2つを but（しかし）でつないでいることに違和感を覚える人がいます。こういう人は、but の直後に「譲歩（＝上に立てはしなかったが）」を入れると違和感は解消します (cf. p. 30)。「頂上は小さすぎて上には立てなかった。しかし、頂上にこそ立てなかったが、私たちはみんなで山頂の1、2ヤード下のところを取り巻いたのだった」となります。

「倒置による if の省略」というルール (cf. p. 39) は通常「if 節中の were か had か should を主語の前に出すと if が省略される」と説明されています。しかし、厳密にはこの3つに限らず過去形の助動詞であれば何でも主語の前に出して if を省略することができるのです（実際にはこの3つが大部分ですが）。Did space permit me は「倒置による if の省略形」で、元の形は If space permitted me です。この If は Even if の意味を表し「たとえ紙幅が私を許すとしても ⇒ どんなに紙幅を与えられても」という意味になります。but a sorry idea は「申し訳ないほどわずかな理解しか」という意味です。but は only の意味の副詞で、idea は「理解」です。

【試 訳】

　そこから頂上までの距離は短かった。ばかばかしいほど短かった。だが、それを登るのにさらに 1 時間近くかかったのだ。

...中略...

　頂上は小さすぎて上には立てなかった。しかし、頂上にこそ立てなかったが、私たちはみんなで山頂の 1、2 ヤード下のところを取り巻いたのだった。

　<u>どんなに紙幅を与えられても、頂上からの展望はその片鱗しか伝えられないだろう</u>。それでも、イングランド全体に匹敵するくらいの範囲に及んでいる広大な眺望は苦労して見に行くだけの価値があり、アルプスでもめったに見られないものであることは容易に想像していただけるだろうと思う。雲ひとつない眺望だった。そこから見える山頂のリストはこの山群のほとんどすべての高峰を含んでいただろう。3 年前私はペルヴーの頂からエクランを見たのだが、いまやそのペルヴーがノアール氷河の向こうに見えていた。ここから見るペルヴーは高さこそ隣にあるアレフロイドに勝らずとも肩を並べるといった程度だったが、素晴らしい山であった。

　その眺望をできれば長く楽しみたかったのだが、頂上にはほんの短い時間しかいることができず、1 時 45 分には下山の準備にとりかかった。

　この紀行文はもともと *The Alpine Journal*（英国山岳会報）1866 年 3 月号に掲載された *The Ascent of The Pointe Des Ecrins* と題する報告を『アルプス登攀記』に収録したものです。

　この登攀は 1 つ間違えば大悲劇になりかねないスリリングなものでした。ウィンパーのパーティはしゃにむに攻撃して山頂を極めた

Scrambles amongst the Alps by Edward Whymper

ものの、登攀ルートのあまりの恐ろしさに、これをそのまま下山することができなくなり、下降路が見つかるかどうか不明なまま、時間にせきたてられて、一か八かで別の山稜を降ります。その時の心境をウィンパーは次のように記しています。

> I confess had any one then said to me, 'Whymper, you are a great fool for coming here,' I should have answered with humility, 'It is too true.' And had my monitor gone on to say, 'Swear you will never ascend another mountain if you get down safely,' I am inclined to think I should have taken the oath.

> もしこの時だれかが私に「ウィンパー、こんなところに来るとは、お前は大馬鹿者だ」と言ったとしたら、私は謙虚に「全くその通りです」と答えたに違いない。さらに、その忠告者から「もし無事に降りられたら、2度と山登りをしないと誓え」と言われたら、私はおそらくその誓いを立てただろうと思う。

しかし、ウインパーの一行が下山ルートに選んだ西尾根は登攀ルートの東尾根と比べて、難しさの点でひけをとらない難路でした。非常な痩せ尾根で、ぐらぐらとした岩がどちら側の岩壁に落ちるか見当もつかず、しかも稜線はぎざぎざに裂けていて、ときどき岩壁側に降りて、また登り直さなければならない状況でした。下山中に遭遇した最大の難所は次のような具合でした。

A deep notch brought us to an abrupt halt. Almer, who was leading, advanced cautiously to the edge on hands and knees, and peered over; his care was by no means unnecessary, for the rocks had broken away from under us many times when least expected. In this position he looked down for some moments, and then, without a word, turned his head and looked at us. His face *may* have expressed apprehension or alarm, but it certainly did not hope or joy. We learned that there was no means of getting down, and we must, if we wanted to pass it, jump across on to the narrow and unstable edge on the other side. It was decided that it should be done, and Almer, with a larger extent of rope than usual, jumped; the blocks swayed about as he came down on to them, but he clutched a large mass with both arms and brought himself to anchor.

深い切れ目が現われたため、私たちはあわてて停止した。先頭にいたアルマーが四つん這いになって慎重に切れ目の端まで進み、下を覗き込んだ。彼の用心は決してやりすぎではなかった。というのは、これまでに思いもしないときに足元の岩が崩れたことが何度もあったからだ。彼は、この体勢でしばらく下を覗いていたが、やがて一言も言わずに振り返って、私たちを見つめた。彼の顔が示していたのはおそらく不安や驚きだったろう。希望や喜びでないことは確かだった。それを見て私たちは、この切れ目を降りる方法はなく、ここを越えたいのであれば、反対

> 側の狭い不安定な岩に跳び移るしかないことを悟った。ぜひやってみることに決まった。そしてアルマーが、いつもより長いロープをつけて跳んだ。跳び移ったとたん、着地した岩がぐらっと揺らいだ。しかし、彼は両手で大きな岩をつかみ、身体を寄せて振り落とされずにすんだ。

　フランスの名登山家で、史上初めて8千メートル峰に登頂したアンナプルナ遠征隊の隊員であったGaston Rebuffat（ガストン・レビュファ）の山岳記録映画 *Les Horizons Gagnes*『（邦題）星にのばされたザイル』の冒頭に、このエクランの登攀ルートと頂上からの素晴らしい眺望が、わずか5分少々ではありますが、収録されており、DVDで見ることができます。

16
The Autobiography of A Super-Tramp
by W. H. Davies

　今回は英国の放浪詩人 W. H. Davies（1871–1940）の *The Autobiography of A Super-Tramp*（1908）です。彼は24歳のとき単身アメリカに渡り、6年間浮浪者としてアメリカ大陸を放浪します。やがて、無賃乗車のため急行列車に飛び乗ろうとして失敗した彼は片脚を失い、帰英した後2年間の乞食生活を経て、詩人として文壇にデビューします。そこまでの顛末をつづったのが、この名作『超放浪者の自叙伝』です。ここに取り上げたのは、Davies が、Brum なるアメリカでも名の知れた乞食の知遇を得、乞食道を仕込まれながら愉快に物乞い生活を始めた頃を描いた一節です。2人は Brum がもらってきた食べきれないほどの「お恵み」を堪能しています。

問　下線部を和訳しなさい。

"Ah," I said to Brum, as we sat in a shady place, eating a large custard pudding from a boarding house, using for the purpose two self-made spoons of wood — "Ah, ①we would not be so pleasantly occupied as tramps in England. We would there receive tickets for soup; soup that could be taken without spoons; no pleasant picking of the

The Autobiography of A Super-Tramp by W. H. Davies

teeth after eating; no sign of a pea, onion or carrot; no sign of anything, except flies." Two-thirds of a large custard pudding between two of us, and if there was one fault to be found with it, it was its being made with too many eggs. Even Brum was surprised at his success on this occasion. "②<u>Although," as he said, "she being a fat lady, I expected something unusual.</u>" Brum had a great admiration for fat women; not so much, I believe, as his particular type of beauty, but for the good natured qualities he claimed corpulence denoted.

　下線部の be occupied は be occupied (in begging)「(物乞いに)従事する」という意味です。ところで「as 原級 as ～」を否定文で用いると、しばしば前の as が so に変わります。そこで、下線部をこの構文だと考えて「私たちはイギリスの浮浪者ほど愉快には物乞いに従事しないだろう」と読む人がいます。これは「イギリスの方がアメリカより浮浪者は物乞いをしやすい」という内容です。

　しかし、筆者とブラムはアメリカで物乞いをして卵を沢山使った大きなカスタード・プディングを恵んでもらい、それに舌つづみを打っているのです。さらに、筆者は「イギリスで無料でもらえるスープは具が入っていないお粗末な代物だ」と言っています。つまり、イギリスよりアメリカの方が浮浪者はずっと暮らしやすいのです。これと下線部の内容は矛盾します。

　そこで、この矛盾を解消するように下線部の読み方を変える必要があります。正解を言いましょう。下線部の as は「not ... so 原級 as ～」の as (＝従属接続詞) ではなく前置詞なのです。つまり be occupied as tramps は「浮浪者として物乞いに従事する」という意

味です。in England は tramps を修飾するのではなく、we ... tramps の全体を修飾し「イギリスでならば」という仮定条件の意味を表しています。これを受けて would be occupied という仮定法過去を使っているのです。文全体の意味は「イギリスなら、私たちは浮浪者としてこれほど愉快に物乞いに従事はしないだろう」となり、前後との矛盾は解消します。

being made は意味上の主語（= its）がついた動名詞で、was の補語になっています。

being a fat lady は意味上の主語（= she）がついた分詞構文（= 独立分詞構文）で、意味をはっきりさせるために Although という譲歩の接続詞がついています。

He claimed that corpulence denoted good natured qualities.
「肥満体形は善良な人柄を示していると彼は主張した」

この good natured qualities を関係代名詞に変えて全体を形容詞節にすると which he claimed that corpulence denoted となります。ここから which と that を省略したのが本文の表現です（cf. p. 7, 23 の関係詞連鎖）。

【試 訳】
「あぁ！」私はブラムに言った。私たちは木陰に座り、木を削って作った手製のさじを使いながら、下宿屋からもらった大きなカスタード・プディングを食べていた。「あぁ、極楽だなあ！ これがイギリスだったら、こんなに愉快に乞食をやってるわけにはいかないよ。たしかにイギリスではスープの無料券をくれるさ。でも、さじがなくても飲めるスープだぜ。飲んだ後、楊枝で気持ちよく歯をせせる必要もない。なんせ豆

The Autobiography of A Super-Tramp by W. H. Davies

や玉ねぎや人参なんてものは痕跡もないんだから。入っているものといったら蠅ぐらいのものさ。」2人の間には大きなカスタード・プディングがまだ3分の2も残っていた。このプディングに1つ欠点があるとすれば、それは卵を多く使いすぎているということだった。ブラムもこの場の大収穫には驚いていた。彼の言い草はこうだ。「太ったご令嬢だったけど、何か変わったものをくれそうな気がしたんだ。」ブラムは肥満体の女性を高く評価していた。これは、私が思うに、彼特有の美人のタイプとして賞賛するというよりは、肥満体型が示していると彼が言う善良な人柄のためだった。

17
Private Papers of Henry Ryecroft
by George R. Gissing

　George R. Gissing (1857–1903) の文章は [14] でも取り上げましたが、今回は彼の代表作 *The Private Papers of Henry Ryecroft* 『ヘンリ・ライクロフトの私記』(1903) を読んでみましょう。これは全編を春夏秋冬の4章に分け、自然観照、自己省察をつづった随想文学の名編です。大正十年に本邦初の註釈を本書に施して、この名作を広く江湖に紹介した市河三喜博士は「本書は著者の気質や趣味を親しく語っている上に、極度に洗練された単純で優雅な文章、秋の夕暮れの空のように静かに澄んだ気分が人をひきつけるのである」と評しています。

問　下線部の内容を説明しなさい。

　On such a day, I remember, I once found myself at an end both of coal and of lamp-oil, with no money to purchase either; all I could do was to go to bed, meaning to lie there till the sky once more became visible. But a second day found the fog dense as ever. I rose in darkness; I stood at the window of my garret, and saw that the street was illuminated as at night, lamps and shop-fronts perfectly visible, with folk going about their business. The fog, in fact, had risen, but still hung above the housetops

Private Papers of Henry Ryecroft by George R. Gissing

> impermeable by any heavenly beam. My solitude being no longer endurable, I went out, and walked the town for hours. When I returned, it was with a few coins which permitted me to buy warmth and light. I had sold to a secondhand bookseller a volume which I prized, and <u>was so much the poorer for the money in my pocket.</u>

　so much という表現のso は何かを指して「それだけ」という意味を表す場合と、たんなる強調語として「非常に」という意味を表す場合の2つがあります。much も「たくさん」という意味と、ただ「量・程度」という意味を表す場合の2つがあります。したがって so much には「それだけたくさん」「非常にたくさん」「それだけの量・程度」という3つの意味があるのです（「非常に量・程度」という組み合わせは意味が成立しないのでありません）。たとえば次の文の so much は「それだけの量」という意味です。

He looks upon any time not spent in study as so much lost.
「彼は勉強に費やされなかった時間はその分だけ失われたものとみなす」

　下線部の so much は「それだけの程度」という意味で the poorer を修飾しています。したがって was so much the poorer は「それだけの程度（＝その分だけ）貧しくなった」という意味です。それでは so（＝それだけ）は何をさしているのでしょうか？ 実は、これは後ろの the money in my pocket を指しているのです。the money についている for は「理由を表す前置詞」です。for ～で「～なので」という意味を表します。すると、この文は「ポケットに金が入った

ので、その分だけ貧しくなった」と言っていることになります。

ところで、金銭的には「金が入ればそれだけ豊かになる」はずですから、「金が入ったのでそれだけ貧しくなる」というのは金銭のことを言っているのではありません。「ポケットに金が入った＝大切にしていた本を処分した」ということですから、これで置き換えると「大切にしていた本を処分したのでそれだけ貧しくなった」となります。これならわかります。これは「精神的に貧しくなった＝心が満たされなくなった」ということです。

なお、so much は先ほどの3つの意味以外に「これこれの量・程度」という意味を表すことがあります。これは「決まった量・程度なのだが、その量・程度はケースバイケースで一概に言えない」場合です。

They work so many hours for so much money.
「彼らはこれこれの賃金でこれこれの時間働く」

これは「彼らの勤務形態は時給制である」という意味です。勤務時間数と時給額は人によって違うので「これこれ」といったのです。

【試訳】
　そんな日のことだった、あるとき、気がついてみると、石炭も灯油もなくなっており、金がなくてどちらも買えないことがあった。できることといえば、霧が晴れてまた空が見えるようになるまで横になっているつもりで、ベッドにもぐりこむくらいしかなかった。しかし、2日目も霧はあいかわらず濃く、私は暗闇の中に起き上がった。屋根裏部屋の窓辺に立つと、通りは夜と同じように明かりがともされ、ランプや店先がはっきり見えた。人々が用を足すために往来していた。実際には霧はも

う上がっていたのだが、まだ屋根の上に垂れこめていて、日の光を通さないのであった。私はもはやこれ以上の孤独に堪えられなくなり、外出して、何時間も町を歩き回った。家に戻ったときは、少しの金を手にしていた。暖をとり、明かりを購うための金だった。私は大事にしていた1冊の本を古本屋に売ったのだ。その結果ポケットに金は入ったが、その分だけ心は貧しくなっていた。

18
Sartor Resartus by Thomas Carlyle

今回はThomas Carlyle (1795–1881) の *Sartor Resartus*『衣服哲学』(1834) です。本書は難解をもってなる哲学書で、明治中期から大正にかけて当時の青年が熟読玩味したといわれます。特に新渡戸稲造は本書に傾倒し、18歳のとき初めて手にしてから56歳までに30回以上は読み返したと語っています。この本はドイツの哲学者Teufelsdröckh (カーライルが創造した架空の人物) の衣服に関する哲学をカーライルが編纂したという体裁の書で、*Sartor Resartus* は tailor repatched「仕立て直された仕立て屋」という意味のラテン語です。

ここでいう「衣服」とは人間の本体を隠す外観、さらにはこの世のありとあらゆる森羅万象を指し、これにとらわれて悩み苦しむTeufelsdröckh が「衣服」を脱ぎ捨てて The Everlasting Yes (永遠の肯定) へと到る精神遍歴を、カーライル独特の倒置を多用した癖のある文体でつづっています。なお、本書に関し新渡戸が第一高等学校校長時代から繰り返し行った講演の速記録が『衣服哲学講義』として現在も残されています。

> **問** 下線部は metaphor (隠喩) です。この隠喩の内容を説明しなさい。

So true is it, what I then said, that *the Fraction of Life*

Sartor Resartus by Thomas Carlyle

> *can be increased in value not so much by increasing your Numerator as by lessening your Denominator*. **Nay, unless my Algebra deceive me,** *Unity* **itself divided by** *Zero* **will give** *Infinity*. **Make thy claim of wages a zero, thou hast the world under thy feet. Well did the Wisest of our time write: "It is only with Renunciation (***Entsagen***) that Life, properly speaking, can be said to begin."**

　文頭の3語が「So + 形容詞か副詞 + be か do」になったときは、たいていの場合「so ～ that S + V」の倒置形で、そのまま読み進むとやがて that 節が出てきます。たとえば次のような具合です。

So true was it that I found it impossible to deny it.
「それは真に本当だったので、私はどうしてもそれを否定できなかった」

So little did I expect that I myself was surprised at my success.
「全く期待していなかったので、私自身自分の成功に驚いた」

　そこで、本文も出だしの So true is を見て so ～ that の倒置形だと考え「それ、すなわち私がそのとき言ったことは真に本当なので、that 以下だ」と読む人がいます。しかし、that 節の中はイタリック体で書かれていて、内容も「私の過去の発言が真実であること」の帰結としては不自然です。この文は倒置形には違いありませんが、so ～ that の倒置形ではないのです。

　筆者は、まず So true is it (それは真に本当である) と言い、次に it

(それ) というのは what I then said (私がそのとき言ったこと) であり、その「言ったこと」とは「that 以下のこと」であると言い換えたのです。これを文法用語で言うと「it は仮主語、what I then said は名詞節で it と同格、that 以下は名詞節で真主語」となります。

the Fraction of Life は「人生という分数」という意味で、人生を分数にたとえています。not so much A as B は「A というよりはむしろ B」という意味で、A に *by increasing your Numerator* (分子を増すことによって) が入り、B に *by lessening your Denominator* (分母を減らすことによって) が入っています。もちろん分子と分母も metaphor (隠喩) です。分子は所有物を表し、分母は欲望を表しています。分子を分母で割った商が幸福度です。つまり分母 (＝欲望) が一定であれば、分子 (＝所有物) が増えれば増えるほど商 (＝幸福度) が増します。逆に言えば、分子が増えなくても分母が減れば商は増すのです。

この関係の上に立って、Teufelsdröckh は分子に *Unity* (＝1) を置き、分母に *Zero* (＝0) を置きます。分子が 1 ということは所有物が極めて少ない (要するに極貧) ということです。一般には不幸な境遇と考えられます。しかし、その場合でも分母 (＝欲望) が 0 だと商 (＝幸福度) は無限大になるのだと彼は言うのです。Make thy claim of wages a zero, thou hast the world under thy feet. は「命令文＋and … (～せよ。そうすれば…)」です。ただし、この文では and の代わりにコンマになっています。thy は所有格で your の古形です。thou は主格で you の古形です。thou を主語にする動詞は語尾に -st または -est がつきます。hast は have の古形です。

the Wisest of our time (現代の最大の賢人) はゲーテを指しています。It is only with Renunciation (*Entsagen*) that … は only with Renunciation (*Entsagen*) を強調する強調構文です。Renunciation は「放棄・断念」という意味で *Entsagen* は同じ意味のドイツ語です。

【試 訳】

　私がそのとき言ったこと、すなわち「人生という分数はその分子を増すよりもむしろその分母を減らすことによって価値を増すことができる」ということは真に本当である。いや、私が習った代数学が偽りでないかぎり、一そのものでも、零で割れば商は無限になるのである。それゆえ、君の賃金に対する要求を零にしたまえ。そうすれば、君は全世界を自分の足下に踏まえることになるのだ。現代の最も賢き人は見事な言葉で言い表している。「正確には、人生は自己放棄によって初めて始まると言える」と。

19
The Doctors Mayo
by Helen Clapesattle

　アメリカのミネソタ州 Rochester にある Mayo Clinic（メイヨー・クリニック）は、ボストンのマサチューセッツ総合病院、ボルチモアのジョンズ・ホプキンス大学付属病院と並ぶ全米屈指の名門病院です。この病院は 1863 年に創立され、創立者の息子である William と Charles の Mayo 兄弟によって世界でも有数の大病院に発展しました。

　今回文章を採った *The Doctors Mayo* (1941) は Helen Clapesattle によって書かれた Mayo 兄弟の伝記です。この本は同時にアメリカ医学の発達を揺籃期からたどる歴史書でもあります。私はかつて築地の聖路加国際病院の旧礼拝堂にあった患者用ライブラリーの中でボロボロになったペーパーバック版の本書を見つけ、面白くて病院のサンルームで終日読みふけった思い出があります。日本でも『メイヨーの医師たち』という題で翻訳が出ています。なお、文中の St. Mary's Hospital は Mayo Clinic の中心病院です。

問 1　下線部①②を和訳しなさい。
問 2　下線部③の主語を答えなさい。

Early in their travels to learn from others the Mayo brothers had decided that when a man was called a liar for his reports of success ①it might be worth their while to

The Doctors Mayo by Helen Clapesattle

see his work. When in their turn their word was questioned, they logically reversed the process. They said to their doubting brethren, Come and see.

Men who went to satisfy their curiosity returned again and again to learn. ②Their enthusiasm for what they saw sent others "to see what it was all about," and ③to the doctors of southern Minnesota reported to be attending clinics at St. Mary's Hospital were added national names — and even some international.

---

worthという形容詞は単独では使えず、必ずworth＋名詞（名詞の価値がある）という形で使います。この名詞の働きを「worthの目的語」と言います。it might be worth their whileのwhileは「時間」という意味の名詞で、worthの目的語になっています。したがって、ここは「それは彼らの時間（を使うだけ）の価値があるだろう」という意味になります。itは仮主語で、真主語はto see his workです。

sendには「（人に）行くように言う」という意味があります。sent othersは「他の人に（メイヨークリニックに）行くように言った」という意味です。what it was all aboutは名詞節でseeの目的語です。節内のallを代名詞でwasの補語と考える人がいます。つまり「it was all about 〜」を「それは〜に関するすべてだった」と読み、〜のところにwhatが入っていると考えるわけです。するとto see what it was all aboutは「それは何に関するすべてなのかを見るために」という意味になります。これでは意味不明ですし、そもそもこの表現はそういう構造ではないのです。

正しい読み方を説明しましょう。まず、このaboutは前置詞ですが「〜に関して」という意味ではなく「〜に従事している、〜に関

わっている」という意味で、英語で言い換えると engaged in に匹敵します。たとえば What are you about now?（君は今何をしているんだ）のように使います。次に all は「全く、まさに」という意味の強調の副詞です。I'm all against it. と言えば「私はそれに全く反対だ」という意味です。そこで What's this about?（これは何に関わっているのか）の about を副詞の all で強めると What's this all about?（これはまさに何に関わっているのか ⇒ これは一体どうなっているんだ）となります。疑問文の語順を平叙文の語順にして what this is all about とすると、全体は名詞節になります。これの this を it にしたのが本文の表現です。it は内容的にはメイヨークリニックを指していて to see what it was all about は「この病院がまさに何に従事しているのかを見るために」という意味になります。

add A to B（A を B に付け加える）を受身にすると A is added to B.（A が B に付け加えられる）となります。A と B の順番を逆にすると To B is added A. となります。これが本文の形です。したがって national names が were added の主語です。この names は「評判、名声」という意味です。

【試 訳】

　昔、研修のために各地を回っていた頃、メイヨー兄弟は、成功例の報告をして嘘つき呼ばわりされている医者がいたら、その仕事は見学に行く価値があると決めていた。そこで、今度は自分たちの発表が疑われる番になったとき、彼らは必然的にその考えを自分に向けた。疑っている医師たちにこう言ったのである。「ぜひ見に来てください。」

　初めは好奇心を満たすために病院を訪れた人々も、やがて学ぶために繰り返しやってくるようになった。自分が見たものに感動した彼らは、一体この病院がどんなことをしているのか自分の目で確かめに行くよう

に知り合いたちにも勧めた。セントメアリー病院の臨床検討会に出席していると報じられたミネソタ南部の医師たちは、やがて全国に、いや世界に名が知られるようになっていったのである。

20
The Sketch Book
by Washington Irving

　夏目漱石が東京帝大英文科を卒業した後、東京高等師範学校の講師を経て『坊ちゃん』の舞台となった伊予の松山中学に赴任したのは1895年（明治28年）、漱石28歳のときです。わずか1年間でしたが漱石がそこで学生たちに講じたのはWashington Irvingの *The Sketch Book* (1820) です。そのときの学生で後に東京帝大医学部教授になって漱石の主治医も勤めた真鍋嘉一郎によると、漱石の講義振りは次のようだったそうです。

　夏目先生は...教壇に上ると机に頬杖を突いたまま右の手に持った鉛筆を振り振り通りのいい静かな落着きのある声で講義をしていかれ、しかも何ともいえない、しめやかな、美しい言葉を使われるので、いつの間にかその講義の中へ引っ張り込まれてしまったものだ。...言葉ばかりか、文章の解剖までして、シンタッキスの説明がやかましい。ムードの使い方はいうまでもなく、このアドヴァーブはどういうわけでここに置いてあるかなぞと来る。そんなふうで一時間に三行か四行しか進まず、一年間に四章くらいしか済まなかったものだが、その代わりによく頭脳へ入る。英語というものはこんな物かと、初めて解ったような気がした。（伝記・真鍋嘉一郎）

　今回は、この *The Sketch Book* の序章 "The Author's Account of Himself" から一節を引きました。

問　下線部を和訳しなさい。

I had, besides all this, an earnest desire to see the great men of the earth. We have, it is true, our great men in America: <u>not a city but has an ample share of them</u>. I have mingled among them in my time, and been almost withered by the shade into which they cast me; for there is nothing so baleful to a small man as the shade of a great one, particularly the great man of a city. But I was anxious to see the great men of Europe; for I had read in the works of various philosophers, that all animals degenerated in America, and man among the number. A great man of Europe, thought I, must therefore be as superior to a great man of America, as a peak of the Alps to a highland of the Hudson;

　besides all this の this はこの前に書かれている部分を受けていて「ヨーロッパの美術、建築物、風習に直接触れてみたいという願望」を指しています。not a city but has... の部分は、not a city を has の主語にして but を副詞（= only）に捉えた人もいるかもしれません。しかし、これでは全く意味が通りません。ここは、not a city の前に there is が省略されているのです。完全な文にすると、次のようになります。

there is not a city but has an ample share of them

　「これなら高校のときに習った記憶がある」という方も多いと思い

ます。これは高校では There is no rule but has exceptions.（例外のない規則はない）という例文で勉強する二重否定の構文です。

この but は辞書には関係代名詞として載っています。関係代名詞の but は使い方にいくつかの制限があります。まず、必ず主格で使います。したがって、常に but V という形になります。次に but の中に not を含んでいます。したがって「先行詞 but V」は「V しない先行詞」という意味で「先行詞 that do not V」に書き換えられます。さらに、主節は必ず否定文かまたは否定の意味の修辞疑問文で、文全体は「二重否定 ⇒ 肯定」の意味を表します。したがって「There is no 先行詞 but V」は直訳すると「V しない先行詞はない」となり、これは「すべての先行詞は V する」という意味になります。

主節が「否定の意味の修辞疑問文」だと Who is there but commits errors?（過ちを犯さない誰がいるだろうか ⇒ 過ちを犯さない人はいない ⇒ 誰でも過ちを犯す）となります（but の先行詞は Who です）。あるいは、I am not such a fool but can appreciate it.（私はそれがわからないような愚か者ではない）というように使われることもあります。

こういう次第ですから、本文の not a city but has an ample share of them は「たっぷりの数の偉人を持っていない都市はない ⇒ どんな都市にも偉人はたくさんいる」という意味です。

【試 訳】

これに加えて、私は世界の偉人たちに会いたくてたまらなかった。たしかにアメリカにも偉人はいる。どこの都会にも偉人はたくさんいる。私も若い頃はそういう人たちと交わったこともあった。ところが、私は彼らの影に蔽(おお)われてほとんど萎縮(いしゅく)したも同然の状態になってしまった。というのも、小人物にとっては、偉人、とりわけ都会の偉人の影ほど有害なものはないからだ。しかし、それでも私はヨーロッパの偉人に会い

たくてならなかった。そのわけは、いろいろな哲学者の書いたものを読んだところによると、アメリカではすべての動物が退化し、人間もその例に漏れないということだったからである。それゆえ、アルプスの頂きがハドソン河畔の高地にまさされるのと同様に、ヨーロッパの偉人もアメリカのそれより優れているに違いないと私は思い込んだのだ。

21

The Lytton Report

　1931年（昭和6年）9月18日奉天郊外柳条湖における鉄道爆破事件に端を発する日中間の武力紛争（満洲事変）調査のため、国際連盟は翌年2月英国のリットン卿を団長とする調査団を満洲に派遣しました。有名なリットン調査団です。一行は6か月にわたり、満洲および関係諸国を調査し、同年10月1日邦訳で18万語にも及ぶ詳細な報告書を連盟に提出しました。リットン報告書は日本の運命を左右する重大文書だけに、日本政府は、作成中からその内容探知に躍起になり、スリの名人を雇って原稿の窃取を図ったという話まであるほどです。外務省は9月30日午後7時、報告書の原文を入手するや直ちに翻訳に着手、20数時間の突貫作業でこれを完了し、10月2日午後9時に英文と邦文仮訳を謄写刷りにして発表しました。いくら手分けしたとはいえ、これだけの大部のものを1日弱で翻訳し、さらに1日で謄写印刷を完了するとは驚異的な早さです。

　報告書は、次のような、日本にとって厳しい内容を含んでいました。

The military operations of the Japanese troops during this night, which have been described above, cannot be regarded as measures of legitimate self-defence.
「同夜における叙上日本軍の軍事行動（＝柳条湖事件）は、正当なる自衛手段と認めることを得ず」

The Lytton Report

For this reason the present regime cannot be considered to have been called into existence by a genuine and spontaneous independence movement.

「以上の理由により、現在の政権（＝満洲国）は純粋かつ自発的なる独立運動によりて出現したるものと思考することを得ず」

　1933年（昭和8年）2月24日、国際連盟総会は、このリットン報告書に基づく日本勧告決議案を賛成42反対1棄権1の大差で承認、敗れた日本は連盟を脱退し、「世界の孤児」になる道を選んだのでした。

　採録した英文は、*The Report of the Commission of Enquiry into the Sino-Japanese Dispute*（日支紛争に関する国際連盟調査委員会の報告＝リットン報告書の正式名称）の最終章末尾の一節です。今から80年前、日本人が固唾を呑んで注目した英文を読んでみましょう。

At the moment of concluding our Report we read in the press two statements by the Foreign Ministers of China and Japan, from each of which we would extract one point of the utmost importance.

On August 28th Mr. Lo Wen-kan declared at Nanking:
"China is confident that any reasonable proposal for the settlement of the present situation will necessarily be compatible with the letter and spirit of the Covenant of the League of Nations and the anti-war Pact, and the Nine Power Treaty, as well as with China's sovereign power, and will also effectively secure a durable peace in the Far East".

> On August the 30th Count Uchida is reported to have declared at Tokyo:
>
> "The Government considers the question of Sino-Japanese relations as more important than the question of Manchuria and Mongolia".
>
> We cannot close our Report more appropriately than by reproducing here the thought underlying these two statements, so exactly does it correspond with the evidence we have collected, with our own study of the problem, and consequently with our own convictions, so confident are we that the policy indicated by these declarations, if promptly and effectively applied, could not fail to lead to a satisfactory solution of the Manchurian question in the best interests of the two great countries of the Far East and of humanity in general.

　We cannot close our Report more appropriately than by reproducing... は「比較級を用いて最上級の意味を表す構文」で、「reproducing... によってこの報告を終了する以上に適切にこの報告を終了することはできない ⇒ reproducing... によってこの報告を終了するのが最も適切である」という意味です。

　so ～ that 構文の従属節 (= that S + V) を先に出し、主節 (= so ～ を含む部分) を後に移す書き方があります。この場合、後ろに回った主節部分は so ～ を先頭に出し、S + V は「疑問文と同じ形の倒置形 (= 主語の前に be 動詞または助動詞を出す語順)」にします。まず、次の英文を見てください。

They were so glad to be on land again that they even kissed the ground.
「彼らは再び大地を踏めて非常に嬉しかったので、大地に口づけすることさえした」

　この英文を、上で説明した倒置形で書くと、次のようになります。

They even kissed the ground, so glad were they to be on land again.
「彼らは大地に口づけさえした。それほど、再び大地を踏めて嬉しかったのだ」

　本文の We cannot close... は、この倒置形です。so exactly does it correspond... の so と so confident are we... の so は、前に出た We cannot close our Report more appropriately than by reproducing here the thought underlying these two statements を受けており、does it correspond... と are we... は「疑問文と同じ形の倒置形」です。前から読み下すと「これら2つの声明の根底にある考えを再録することによってこの報告を終了するのが最も適切である。それほど正確にそれ(＝その考え)は the evidence、our own study、したがって our own convictions に符合しており、我々は that... をそれほど確信しているのである」という意味になります (so ～ that S＋V の倒置形については p.73 も参照してください)。

【外務省発表邦文假訳】
　吾人は、この報告を完了せんとするに際し、新聞紙上において、日支両国外務大臣の二個の声明を閲読せるが、その双方につき最も重要なる

一点を抜粋すべし。

　八月二十八日羅文幹は、南京において、以下のごとく声明せり。
「支那は、現事態の解決に対するいかなる合理的なる提案も、連盟規約、不戦条約および九国条約の条規および精神、ならびに支那の主権と、両立すべきものたるを要し、また極東における永続的平和を有効に確保するものたるを要すと確信す。」

　八月三十日内田伯は、東京において、以下のごとく声明せりと伝えらる。
「帝国政府は、日支両国関係の問題は、満蒙問題より、さらに重要なりと思惟す。」

　吾人は、本報告書を終了するに当たり、上記両声明の基調をなす思想を再録するをもって、最も適当と思考するものなり。上記思想は、吾人の収集せる証拠、問題に関する吾人の研究、そこから来たれる吾人の確信と正確に対応するものにして、吾人は、上記声明により表示せられたる政策が迅速かつ有効に実行せらるるにおいては、必ずや、極東における二大国および人類一般の最善の利益において、満洲問題の満足なる解決を遂げ得べきを確信するものなり。

22
A Letter written by Miss. Mary H. Cornwall Legh

　Miss Mary H. Cornwall Legh は戦前、群馬県の草津でハンセン病患者の救護に尽くした英国婦人です。リー女史は1857年英国カンタベリーで貴族の家系に連なる家に生まれ、聖アンドルーズ大学で学んだのち、文筆活動に従事、多くの著作を出版しました。その後、1907年（明治40年）50歳のとき、キリスト教伝道の目的で初来日しました。日本聖公会の宣教活動に従事したのち、1916年（大正5年）草津・湯の沢地区に定住し、ハンセン病患者の援護活動を始めます。女史58歳のときです。

　湯の沢地区はハンセン病患者の自由療養地区で、開設以来すでに30年近い歴史がありました。女史はここに私財を投じて教会、病院、保護施設、学校を次々に整備していきます。この活動は教会の名前をとって聖バルナバ・ミッションと呼ばれました。極寒の地、草津でストーブも置かない極めて質素な暮らしを送りながら、患者の世話に献身する女史の回りには、やがて多くの患者・信者が集まり、彼らは女史を「かあさま」と呼んで慕いました。聖バルナバ・ミッションは次第に発展していきます。リー女史は1936年（昭和11年）老齢による体調悪化のため湯の沢を離れて兵庫県明石に移り、太平洋戦争が始まった10日後、1941年（昭和16年）12月18日に亡くなりました。享年84歳でした。日本と英国はすでに国交断絶状態でしたが、政府は厚生大臣代理を送って弔意を表しました。

　リー女史の死後、聖バルナバ教会の司祭を勤めた貫民乃介執筆に

よる『コンウォール・リー女史の生涯と偉業』と題する伝記が刊行されました(1954年)。その中に昭和8年5月に開かれた喜寿祝賀会に寄せたリー女史の手紙が収録されています。今回はその手紙を読んでみましょう。同書には次のように紹介されています。「茲にリー女史の此歳(このとし)にまで導かれて来たと云う謙遜な信仰を見る事が出来る。宝玉の文字である。」なお、リー女史の生涯と聖バルナバ・ミッションを詳細に調査した中村茂氏の労作『草津「喜びの谷」の物語』が2007年に発行されています。

Twenty six years ago I came to this country, a single woman with my nearest and dearest all already in Paradise. "Who are these with you?" you may ask, seeing a goodly company, men women and children, all those St. Barnaba's Church calling me by the beautiful name of "Mother?" With Jacob I answer, "The Children which God hath graciously given Thy servant."

"More are the children of the desolate than of her which hath a husband." The words of Isaiah have come true to me as to countless other women whose call has been to give up the thought of husband, children and home, that they may offer themselves for Christ's service in bringing the children of other mothers to His Arms.

And now, as I draw near my seventy seventh birthday and recall the many blessings of my long life, I reckon as one of the greatest the travail pains which have turned to joy and thank Him for the dear children He has given me, the "wise children who make me glad."

A Letter written by Miss. Mary H. Cornwall Legh

> **Whose love and loyalty and care for me are the joy of my old age. Christ's promise has been fulfilled, "In this time children a hundredfold" to be with me through "life eternal."**
>
> Mary H. Cornwall Legh

　a single woman は being a single woman から being が省略された形で「付帯状況の分詞構文」です。もし、コンマがなくて I came to this country a single woman であれば、a single woman は came についた準補語となります (cf. p. 43, 53, 177)。

　with my nearest and dearest all already in Paradise は「付帯状況の with 構文」です。この構文は with A B で「A が B である状態で (or 状態の)」「A が B する状態で (or 状態の)」という意味を表します。本文は my nearest and dearest が A (=意味上の主語) に該当し、all already in Paradise が B (=意味上の述語) に該当します。「私の最も血縁が近く、最も愛しい人たちが全員すでに天国にいる状態の (独身女性)」という意味です。

　seeing a goodly company は「a goodly company を見て (尋ねる)」という意味の分詞構文です。goodly は friendly の意味です。men women and children は a goodly company と同格 (=名詞を名詞で言い換えること) と考えてもいいですし、a goodly company of men women and children (男女、子供からなる親しげな一団) から of が省略されたものと考えることもできます。

　all those St. Barnaba's Church calling me by ... は「being が省略された分詞構文」です。all those being St. Barnaba's Church calling me by ... から being が省略されています。all those (それらすべての人たち) は (省略された) being の「意味上の主語」です。(省

略された) being は付帯状況 (ここでは付帯的に説明を付け加えている) の分詞構文です。St. Barnaba's Church (＝聖バルナバ教会の人たち) は being の補語です。calling は現在分詞形容詞用法で St. Barnaba's Church を修飾しています。all those St. Barnaba's Church は「それらすべての人たちは聖バルナバ教会の人たちである」という意味になります。

With Jacob (ヤコブと共に) の Jacob は、旧約聖書の創世記に出てくるアブラハムの孫ヤコブです。ここの問答は、旧約聖書の創世記33章に出てくるアブラハムの孫エサウとヤコブの問答を下敷きにして、リー女史がそれを自分の身になぞらえているのです。

エサウとヤコブは、洪水で有名なノアの子孫アブラハムの子供イサクの双子の息子です。ヤコブは弟だったのですが、偽計を用いて兄のエサウを出し抜き、父イサクから長子の祝福を得ます。これを知り激怒したエサウから殺されそうになったヤコブは逃亡します。やがて、ヤコブは異郷の地で結婚し12人の息子を設けます。21年ぶりに家族と共に故郷に戻ってきたヤコブを兄エサウは暖かく迎え、彼の妻と子供たちを見て Who are these with you? と問いかけるのです。それに対しヤコブが答えた言葉が **They are the children which God hath graciously given Thy servant.** だったのです。

hath は has の古形で、hath given は has given のことです。Thy は Your のことです。今と違い、古英語では2人称の代名詞は単数形と複数形が分かれていて、2人称単数の主格が thou、所有格が thy、目的格が thee でした。ところで、創世記の話を知らずに The children which God hath graciously given Thy servant. を読むと、なぜ Thy (あなたの) なんだろう？ この servant (僕(しもべ)) は「神の僕」のはずだから His servant ではないのか？ と思うのですが、この servant はヤコブが兄のエサウにへりくだって自称しているので Thy servant (あなたの僕) でよいのです。この文は、先行詞が人間 (＝

The children) なのに、関係代名詞に which を使っています。17世紀頃までの英語では which は人にも使うことができ、聖書にはこの用法が保存されているのです。

"More are the children of the desolate than of her which hath a husband." は旧約聖書のイザヤ書54章に出てくる神の言葉です。倒置構文で、more（＝形容詞 many の比較級）は補語、the children が主語です。the desolate は the desolate woman のことで、ここでは「夫がいない婦人」を意味します。of her の前には the children ないし those が省略されています。

whose call has been to give up the thought of husband, children and home は「その無数の他の女性たちの招命は夫、子供、家庭を持つという考えを捨てることであった」という意味です。**that they may offer themselves for Christ's service in bringing the children of other mothers to His Arms** は so that S may V（S が V するために）という「目的を表す副詞節」から so が省略されたものです。Christ's service（キリストの奉仕）は「キリストへの奉仕（＝キリストに奉仕すること）」です。言い換えれば for Christ's service は for serving Christ です。in bringing the children of other mothers to His Arms の in は「従事」を表す in で「（その無数の他の女性たちの招命は）他の母親たちの子供を神の御腕に抱かれるようにする仕事に従事して（キリストへの奉仕に身を捧げるために、夫、子供、家庭を持つという考えを捨てることであった）」という意味です。「他の母親たちの子供」と言っていますが、自分は結婚せず子供も生まないのですから、これは「世の母親たちの子供」という意味になり、キリストから見ればすべての人は神の子なので、ここで言う children は子供のみならず大人も含んでおり、結局これは「すべての人」と言っているのと同じです。「神の御腕に抱かれるようにする」というのは「信仰を持つようにする」ということです。

reckon A as B は「A を B とみなす／考える」という意味で、本文では as B が A の前に出ています。**one of the greatest** は one of the greatest blessings の意味です。travail pain は「陣痛、生みの苦しみ」という意味ですが、ここの **the travail pains** は草津湯の沢における聖バルナバ・ミッションの創成期の苦労を指していると思われます。**and thank Him** の and は reckon と thank をつないでいます。

　the dear children He has given me と **the "wise children who make me glad"** は同格です。wise children who make me glad は旧約聖書の箴言 27 章の次の言葉に基づいています。

Be wise, my child, and make my heart glad. Then I will be able to answer my critics.
「わが子よ、智慧を得てわが心を悦ばせよ。然ば、我をそしる者に我こたふることを得ん」

　Whose love ... old age. は関係詞節が独立文になっているもので、Their love ... old age. と言っても同じです。Whose の先行詞は the dear children です。

　最後の文は、まず「キリストの御約束(おやくそく)は成就された」と言って、その後でその「キリストの御約束(おやくそく)」の内容を "In this time children a hundredfold" to be with me through "life eternal" で明らかにしたものです。したがって、**Christ's promise** と **"In this time children a hundredfold" to be with me through "life eternal"** は同格です。

　"In this time children a hundred fold" と "life eternal" は福音書の同じ 1 つの文に出てくるフレーズです。マルコの福音書には次のように出ています。ちなみに、この英文は誰でも簡単に読めるよう

な易しい文ではありません。本書を最初から読んでこられた方にはよい復習になりますので、じっくり読んでみてください。

> **Jesus said, Verily I say unto you, There is no man that hath left house, or brethren, or sisters, or mother, or father, or children, or lands, for my sake, and for the gospel's sake, but he shall receive a hundredfold now in this time, houses, and brethren, and sisters, and mothers, and children, and lands, with persecutions; and in the world to come eternal life.**
>
> ***Gospel of Mark*: American Standard Version 10: 29–30**

　イエスは言われた。「よくよくあなたがたに言っておく。私のため、また福音のために、家、兄弟、姉妹、母、父、子供、土地を捨てた者は誰でも、今このとき、迫害も受けるが、家、兄弟、姉妹、母、子供、土地も百倍受けとり、後の世では、永遠の命を得る。」

　but を「しかし」と考えて「私のため、また福音のために、家、兄弟、姉妹、母、父、子供、土地を捨てた者はいない。しかし、その者は、今このとき、迫害も受けるが、家、兄弟、姉妹、母、子供、土地も百倍受けとり、後の世では、永遠の命を得る。」と読んだのでは全く意味不明です。この but は [1] に出てきた従属接続詞で、but S + V で「S が V することなしに」という意味の副詞節を作ります。本文では but he shall receive ... eternal life が副詞節で、hath left を修飾しています。直訳すると「今このとき、迫害も受けるが、家、

兄弟、姉妹、母、子供、土地を百倍受けとり、後の世では、永遠の命を得る<u>ことなしに</u>、私のため、また福音のために、家、兄弟、姉妹、母、父、子供、土地を捨てるということをした者は1人もいない」となります。これは二重否定ですから、強い肯定に転換すると「私のため、また福音のために、家、兄弟、姉妹、母、父、子供、土地を捨てた者は<u>必ず</u>、今このとき、迫害も受けるが、家、兄弟、姉妹、母、子供、土地も百倍受けとり、後の世では、永遠の命を得る」となります。なお、このすぐ後に、有名な But many that are first shall be last; and the last first.(しかし、先にいる多くの者が後になり、後にいる多くの者が先になる)という文が続きます。

　リー女史の手紙はここから a hundredfold と in this time と children と eternal life を引用したのです(ただし eternal life は語順が逆になっています)。**to be with me through "life eternal"**(「永遠の生命」を通して私と共にいる)は "In this time children a hundredfold" を修飾しています。**"In this time children a hundredfold"** は、リー女史が聖バルナバ・ミッションを通じて深い関わりを持つようになった多くのハンセン病患者(すでに亡くなった人たちも含みます)を指しています。**to be with me through "life eternal"** は、理屈っぽく言えば次のようになります。

　リー女史とハンセン病患者たちは、生きている間は、現世で一緒にいることができます。しかし、どちらかが死んでしまえば、もはや一緒にいることはできないと考えるのが普通です。しかし、リー女史はもちろん、ハンセン病患者たちも現世で家、兄弟、姉妹、母、父、子供、土地を捨てた人たちなのです。ですから、リー女史とハンセン病患者たちはキリストの約束によって死後は永遠の生命を得るのです。したがって、彼らは死後も永遠の生命を通して一緒にいられるのです。こういう考えに基づいて、リー女史は「『永遠の生命』を通して私と共にある『今の時の百倍の子ら』」と言ったのだと

思います。

【試訳】

　思えば今から二十六年前、私にとって最も近い最も愛しい人たちは皆もう天国に召されておりましたので、私は単身この国に渡ってまいりました。「あなたと共にいる、これらの方々はどなたですか？」親しげに交わる一団の男女、子供たち、この人たちは皆、私を「母さま」という美しい名前で呼んでくださる聖バルナバ教会に属する人たちなのですが、この方々を見て、こんな質問をなさる方がいるかもしれません。これに対し、私はヤコブと共に「畏くも神が僕に授け給いし子らなり」とお答えいたします。

　「夫なき者の子は、嫁げる者の子より多し」というイザヤ書の言葉は、キリストへの奉仕に自らの身を捧げ、世の母親たちの子らを神の御腕に抱かるるものとする仕事に携わるために、夫、子供、家庭についての望みを捨てることを自らの招命とした数え切れないほど多くの婦人たちに実現したのと同様に、この私にも実現したのであります。

　そして今、七十七回目の誕生日が近づき、長い生涯の間に受けた多くの祝福を回想するとき、今や喜びへと転じている、かつての生みの日の苦しみを最大の祝福と感じ、主が私に与え給いし愛しい子供たち、あの「我を喜ばしむる智慧ある子ら」を賜わりしことを、主に感謝いたします。

　子供たちが私を愛し、真心を捧げ、よく世話をしてくれることは年老いた私の喜びであります。「永遠の生命」を通して私と共にある「今の時の百倍の子ら」というキリストの御約束はここに成就されたのでございます。

メアリ H. コンウォール リー

23

On Liberty
by John Stuart Mill

　今回は英国の思想家 John Stuart Mill (1806-1873) の *On Liberty*『自由論』(1859) です。本書は発刊からわずか12年後の1871年(明治4年)、*Self Help*(邦題『西国立志編』)の訳者として著名な中村正直によって『自由乃理』と題されて翻訳されました(Mill が亡くなる2年前のことです)。後年自由民権運動の闘士として活躍する、河野広中が24歳のとき馬上でこの翻訳を読み、後に「之を読むに及んで、…従来の思想が、一朝にて大革命を起し、人の自由、人の権利の重んず可きを知り、…胸中深く自由民権の信條を畫き、全く予の生涯に至重至大の一転機を劃^{かく}した」と回想しているのは有名です。

　Mill は冒頭で、本書の主題を the nature and limits of the power which can be legitimately exercised by society over the individual (社会が個人に対して正当に行使できる権力の性質と限界)であると宣言し、これは A question seldom stated, and hardly ever discussed, in general terms (概括的に述べられたことは稀であり、また概括的に論議されたこともほとんどない問題)であると自信の程を披瀝しています。本書は Mill が自伝において「自由論は私が書いたどの本よりも(ことによると『論理学体系』だけは除いて)永い生命を保つであろう」と自負しただけあって、発表後150年以上を経た今日もなお読み継がれている古典です。

　戦前、旧制第一高等学校などの難関高等学校を目指す受験生は本書で英文読解の受験勉強をしたと言われています。19世紀特有の息

On Liberty by John Stuart Mill

の長い文ですが、文法的に緻密に組み立てられ、論理が明晰なところが正確な読解の訓練に適していたからでしょう。*On Liberty* の第2章 "Of The Liberty Of Thought And Discussion" の一節を読んでみましょう。

問1　下線部①②を和訳しなさい。
問2　下線を引いた3つの for の品詞と意味を答えなさい。

①When we consider either the history of opinion, or the ordinary conduct of human life, to what is it to be ascribed that the one and the other are no worse than they are? Not certainly to the inherent force of the human understanding; for, on any matter not self-evident, there are ninety-nine persons totally incapable of judging of it for one who is capable; and the capacity of the hundredth person is only comparative; for the majority of the eminent men of every past generation held many opinions now known to be erroneous, and did or approved numerous things which no one will now justify. ②Why is it, then, that there is on the whole a preponderance among mankind of rational opinions and rational conduct? If there really is this preponderance — which there must be unless human affairs are, and have always been, in an almost desperate state — it is owing to a quality of the human mind, the source of everything respectable in man either as an intellectual or as a moral being, namely, that his errors are corrigible.

第1文は、原文を読んでも、翻訳を読んでも、特に問題を感じない方も多いと思います。たとえば、岩波文庫は次のように訳しています。

「われわれが意見の歴史を考察し、または人生日常の行状を考察するとき、これらの両者がともかくも現状よりもわるくないということを、そもそも何の力に帰したらよいのであろうか？」

しかし、よく考えると次の2点が釈然としません。

1. なぜ opinion にだけ the history of がついていて、the ordinary conduct にはついていないのか？ the history of をどちらにもつけず「われわれが意見を考察し、または人生日常の行状を考察するとき」ではいけないのか？ あるいは、両方につけて「われわれが意見の歴史を考察し、または人生日常の行状の歴史を考察するとき」ではいけないのか？

2. the one (=前者) は the history of opinion を指しているのか、それとも opinion だけを指しているのか？ 形からすれば the history of opinion を指すことになるが、これだと「意見の歴史が現状 (=意見の歴史の現状) よりも悪くない」となる。これは「意見の歴史が、実際にたどった経過より悪い経過をたどることはなかった」という意味であるが、これで文脈は通るのか？ また「人生日常の行状が現状よりも悪くない」と意味的に整合するのか？

そこで、不審が払拭されるまで、精密に考えてみましょう。opinion は「世論、世間の考え」という意味のときは不可算名詞ですから、単数・無冠詞で使えます。ここは「世間一般の人の考え」という意味です。「歴史を考えたとき」というのは「世間一般の人の考えの変遷を検討したとき」という意味です。the ordinary conduct of human life は「人間生活の普通の行動」です。

What is it to be ascribed は、It is to be ascribed to X. (それは X のせいにされるべきだ) の X に疑問代名詞の what を入れて、全体を

On Liberty by John Stuart Mill

疑問文にしたものです。it は仮主語で、真主語は that ... are の名詞節です。

S is no worse than ～. は「Sは～より悪いと考えるのが当然だが、実際はそうではなく、～より悪い度合いはゼロで、Sと～は、悪さの程度は同じなのだ」という意味を表します。

たとえば、次の文を見てください。

It is no worse to cheat than to steal.

It は仮主語で to cheat が真主語です。この文は「to cheat (詐取=だまして相手から金品を提供させること) は to steal (窃取=相手が気がつかないうちに金品をかすめ取ること) より悪質だと考えるのが当然だが、実際はそうではなく、詐取が窃取より悪い度合いはゼロで、詐取と窃取は、悪さの程度は同じなのだ ⇒ 詐取も窃取も悪質さの度合いに変わりはない」という意味を表しています (no 比較級 than については本書の p. 31 でも解説しています。また、この表現の詳しい解説については拙著『英文精読講義』Lesson 14 をご覧ください)。

本文は～に they are (=両者の現状) が入っていますので「両者は現状より悪いと考えるのが当然だが、実際にはそうなっていない」という意味です。

さて、本文は形の上では either A or B の A に the history of opinion が入り、B に the ordinary conduct of human life が入っています。これをそのまま受け取ると、「世間一般の人の考え」は「歴史 (=変遷)」を考慮しているのに、「人間生活の普通の行動」については「歴史」は考慮しないことになります。すると、no worse than they are (現状より悪いと考えるのが当然だが、実際にはそうなっていない) は、「世間一般の人の考え」については歴史を考慮した判断 (=過去と現在を比べて下した判断) であり、「人間生活の普通の行動」

については歴史を考慮しない判断（＝過去と現在を比べて下した判断ではなく、他の考慮に基づく判断）だということになります。しかし**「人間生活の普通の行動は、現状より悪いと考えるのが当然だが、実際にはそうなっていない」という判断が、過去と現在を比べて下した判断ではないとするなら、いったいこれはどういう基準で下した判断なのでしょうか**（＝「現状より悪いと考えるのが当然だが」という前提はどういう根拠から出てくるのでしょうか）？　ここが了解できないところです。さらに、このように異なる基準で下した2つの判断を1文にまとめて the one and the other are no worse than they are と言うでしょうか？　この点も釈然としません。

　私見では、Mill は「世間一般の人の考え」と「人間生活の普通の行動」のどちらについても歴史を考慮した判断（＝過去と現在を比べて下した判断）をしているのです。詳しく言うと、Mill は次のように言っているのです。

「世間一般の人の考え」にしても「人間生活の普通の行動」にしても、これまでの「変遷」を考えると、現状より悪い段階にとどまっていて少しもおかしくないのに、それがともかく現状程度にまで進歩してきたのは何を原因とすべきなのだろうか？

　「これまでの『変遷』を考えると」というのは、よりわかりやすく言うと「昔はとてつもなく悪い状態だったことを考えると」ということです。

　この論理を「人間生活の普通の行動」の具体例で考えてみましょう。児童を労働力として使用することは昔は当たり前のこととして容認されていました。特に産業革命後は、工場や鉱山で10歳にも満たない子供（はなはだしい場合は4〜5歳の幼児までも）が、技術を必要としない機械的作業に酷使されるのが常態となっていました。こ

On Liberty by John Stuart Mill

の状況を改善するため1833年制定の工場法によって繊維工場での9歳以下の児童の労働が禁止され、また1842年には10歳未満の児童の地下労働が禁止されました。このように、Mill が自由論を書いた1859年頃には、昔は野放しだった児童労働が法的に規制されるようになっていたのです（もちろん、現在から見ればはなはだ不十分ではありますが）。

「『人間生活の普通の行動』の変遷を考えたとき（たとえば昔は児童を大人と同じように働かせることは『人間生活の普通の行動』で、何の法的規制も受けなかった。それを考えれば）、今でも児童労働が『人間生活の普通の行動』であってもおかしくないのに、現在それが法的に禁止されるところまで改善されている。この改善は何を原因とすべきだろうか？」実際に Mill が児童労働を念頭に置いて第1文を書いたかどうかはわかりません。ただ、おそらく Mill は、このような論理でこの文を書いたのです。『世間一般の人の考え』の変遷については、中世の魔女裁判などを考えればよいでしょう。

さて、この推測（= Mill は、どちらについても、過去にひどく悪い状態があったことを考えて「現状より悪くてしかるべきなのに、実際はそうではない」と言ったのだ）が正しいとすると、opinion にだけ the history of をつけて、the ordinary conduct につけないのは理屈に合いません。したがって、**ここは either the history of opinion or the history of the ordinary conduct of human life の下線部が抜けている**（= 繰り返しを避けるための省略を行っている）と捉えるのが妥当です。

また、このように捉えずに、表面的な形をそのまま受け取ると、the one（= 前者）は the history of opinion を指し、the other（= 後者）は the ordinary conduct of human life を指すことになります。すると opinion の方は「世間一般の人の考えの歴史が現状より悪くない」と言い、the ordinary conduct の方は「普通の行動そのもの

が現状より悪くない」と言っていることになります。しかし、なぜこのように区別するのか、Mill の意図が了解できません。内容的には the one は opinion を指していて「世間一般の人の考えが現状より悪くない」となるはずです。私見のように or と the ordinary conduct の間に the history of を補って読むと、the history of opinion と the history of the ordinary conduct で形がそろうので、the one が opinion を指し、the other が the ordinary conduct を指すとすることに何の問題も生じません。

私が目を通した限り、これまでのすべての翻訳は、1つを除き、表面的な形をそのまま受け取って、either ... or は the history of opinion と the ordinary conduct of human life をつないでいると読んでいます。ところが、the one については the history of opinion ではなく opinion を指すとする無理を行うか、または the one と the other をまとめて「両者」あるいは「どちらも」と訳しているために、the one の指すものが明らかでありません。

ところで the ordinary conduct of human life に the history of をつけて読み、the one をはっきり opinion と捉えている、ただ一つの例外は本邦初訳、中村正直の『自由乃理』です。最後に『自由乃理』の訳文を掲げておきましたので、参考に読んでみてください。

なお、either A or B の A と B の形がそろわない点について、ほとんどの辞書・文法書が「A の要素の一部が B において脱落する場合がある」ことを指摘しています。たとえば Oxford University Press の *Practical English Usage* は次の2つの例文を許容例として挙げています（ただし、(a) が望ましいとしています）。

(a) **I should like to live in either an expensive flat or an old country house.**
(b) **I should either like to live in an expensive flat or an old**

On Liberty by John Stuart Mill

country house.

　Not certainly to the inherent force は It is not certainly to be ascribed to the inherent force の省略形です。正用法では、否定文で certainly を使うときは not の前に certainly を置き「確実に〜でない ⇒ 〜でないことは確実だ」という全部否定の意味を表す（したがって not certainly 〜という語順は誤り）とされています。しかし not certainly 〜で「確実に〜というわけではない ⇒ 〜が確実だというわけではない ⇒ 〜ではあるが、そうでない可能性もある」という部分否定の意味を表す英文も実際には見かけます。そこで本文も語順から判断して部分否定と考えると「本来的に備わった力に確実に帰せしめられるべきだというわけではない ⇒ 本来的に備わった力に帰せしめられるべきだということが確実だというわけではない ⇒ 本来的に備わった力を原因とすべきであるが、そうでない可能性もある」という意味になり、基本的には「本来的に備わった力が原因である」と言っていることになります。

　しかし、文脈から判断すると、ここは「本来的に備わった力を原因にすべきでないことは確実である」という全部否定になるはずです。そのためには certainly を not の前に出して It is <u>certainly not</u> to be ascribed to the inherent force（省略形は <u>Certainly not</u> to the inherent force）にするのが文法の教える書き方です（cf. p. 62 英文の l. 8、p. 121 英文の l. 8、p. 127 英文の l. 1）。なぜ Mill が全部否定の文を Not certainly 〜. と書いたのかはよくわかりません。

　これについては、高校生のころ漢文の先生と次のような問答をしたことを思い出します。

薬袋「不倶戴天（ふぐたいてん）を、よく『ともに天を戴（いだ）かず』と読み下しますが、これでは『どちらも天を戴かない』という全部否定の意味になって

しまいます。倶不戴天ならそうでしょうが、不倶は部分否定ですから『ともには天を戴かず』と読まなければ間違いではないでしょうか？」

先生「理屈だけから言えば君の言う通りだ。しかし、人間は前後の文脈に照らして言葉の意味を汲み取るもので、不倶戴天を『ともに天を戴かず』と読み下しても、現実には、全部否定に取る人はいない。だから『ともに天を戴かず』という読み下し文を間違いとする必要はないんだよ。」

　先生のこの説明を聞いて目が覚めたような心地がしたのを今でもよく覚えています。Not certainly ... という表現は、この漢文の先生のような考え方で受け取るべきなのかもしれません。

　最初の for は等位接続詞で「なぜならば」という理由の意味を表しています。2番目の for は前置詞で「〜に対して」という「比例・割合」を表します。たとえば次のように使います。

Use four cup of water for one cup of dry beans.
「カップ1杯の乾燥した豆に対してカップ4杯の水を用いなさい」

　本文は「判断できる人1人に対して99人の判断できない人がいる」という意味です。これは「判断できる人とできない人の割合が1対99だ」ということです。the hundredth person は「百番目の人」ではなく「百分の1の人（＝百人に1人の判断できる人）」という意味です。

　3番目の for は最初の for と同じ等位接続詞です。疑問詞を It is 〜 that の強調構文で強調するときは、疑問詞の直後に is it that を置き、that の後の語順は疑問文の語順ではなく、平叙文の語順にします。したがって、Why is there 〜?（なぜ〜が存在するのですか？）と

いう疑問文の Why を強調すると、Why is it that there is 〜?(〜が存在するのはなぜですか?)となります。本文はこの形で、これに then という副詞がからんでいるのです。Why is it, then, that there is 〜? で「それでは、〜が存在するのはなぜだろうか?」という意味になります。

戦前の翻訳で、この文を「然らば、全体的に合理的見解と合理的行為とを有する人類間に優越の存することは何故であるか?」あるいは「然らば、合理的な意見を持ち合理的な行為をなす人類の間に、全体から見て一種の優劣の差のあるのはどうしたことだろうか?」と訳している本があります。これでは、前後の意味が通りません。of rational opinions and rational conduct は mankind ではなく preponderance を修飾しているのです。「人類の間に、合理的意見と合理的行為の優越が存在する ⇒ 人類の間で合理的意見を持ち合理的行為をする人の方が数が多い」という意味です。

If there really is this preponderance は「もしこの優越が本当に存在するなら」というたんなる仮定ですから、著者自身はどう考えているのかはっきりしません。そこで Mill は自分の見解を次に挿入しています。which there must be は「この優越は存在しているに違いない」という意味です。これは「論理的に考えて、存在していなければならない。したがって、存在しているに違いない」という意味ですから、「この優越は存在していなければならない」と訳しても間違いではありません。国語辞典で「人事」を調べると、いくつかの定義が出ていますが、その中に「人間社会に関することがら」という定義があります。human affairs はこの意味です。

unless human affairs are, and have always been, in an almost desperate state は「人事が現在ほとんど絶望的な状態にあり、またこれまでも常にそうであったのでない限り」という意味です。Mill 自身は「人事は今も昔も絶望的な状態ではない(= 人事は現在ほとん

ど絶望的な状態にあるわけではなく、またこれまでも常にそうであったというわけでもない)」と考えているのです。ですから、Mill が自分の考えを読者に押しつけるのであれば、which there must be because human affairs are not, and have not always been, in an almost desperate state (人事は現在ほとんど絶望的な状態にあるわけではなく、またこれまでも常にそうであったというわけでもないのだから、この優越は存在しているに違いない) と書けばよいのです。

しかし、人の考え方はさまざまです。中には「どうしてそう言い切れるのだ。人事は現在ほとんど絶望的状態じゃないか (この状態で、どこに合理的意見や行為の優越があるんだ)」とか「これまで人事は常に絶望的状態を続けてきたのであり (合理的意見や行為の優越などどこにもない)」と考える人もいるかもしれません。そこで、慎重を期す Mill は、because ではなく unless を使い「人事が現在ほとんど絶望的な状態にあり、またこれまでも常にそうであったのであればともかく (= 合理的意見や行為の優越など存在しないことになろうが)、そうでない限り (= 人事が現在ほとんど絶望的な状態にあるわけではなく、またこれまでも常にそうであったというわけでもない以上は) 合理的意見や行為の優越が存在しているに違いない」という言い方をしたのです。もちろん、この背後には「人事がそれなりに良好な状態にあるとしたら、それは合理的意見を持ち合理的行動をする人間が多数を占めているからだ」という観念が前提としてあるのです。

なお「〜 unless S+V」は前から読み下すときは「〜だ。ただしSがVするときは別だが」という意味の取り方をします。これで本文を読むと「この優越は存在しているに違いない。ただし、人事が現在ほとんど絶望的な状態にあり、またこれまでも常にそうであった場合は別だが」となります。

either A or B は「A あるいは B のどちらか (一方)」という意味を表すのが基本ですが、「A あるいは B のどちらでも」という意味

を表すことがあります。後者は「AあるいはBのどちらかであれば、どちらであるかは問わない」ことを言いたい場合です。たとえば、次のような英文です。

You can place this clock either on the shelf or on the desk
「この時計は棚に置いてもいいし、机の上に置いてもいい」
Answers may be written either in ink or with a pencil.
「答案はインクで書いても、鉛筆で書いても、どちらでもよい」

　本文中には2つ either A or B が出てきますが、両方とも「AあるいはBのどちらでも」の意味です。第1文の When we consider either A or B は「AあるいはBのどちらでも、それを考えたとき」という意味です。最後の文の the source of everything respectable in man either as an intellectual or as a moral being は「知的存在としての人間において、あるいは道徳的存在としての人間において、どちらでも尊敬に値するすべてのものの源泉」という意味です。
　しかし、この日本語では「どちらの存在においても共通に尊敬に値するすべてのもの」という内容に読めます（これでは both as an intellectual and as a moral being です）。そこで「どちらでも」にこだわらず「知的存在としての人間、あるいは道徳的存在としての人間において、尊敬に値するすべてのものの源泉」とさらっと訳した方がまだ誤解は生じないと思います。誤解の余地を完全に払拭するためには、くどい表現ですが「知的存在としての人間において尊敬に値するすべてのもの、あるいは道徳的存在としての人間において尊敬に値するすべてのもの、どちらにしてもそれら尊敬に値するすべてのものの源泉」とか「知的存在としての人間、あるいは道徳的存在としての人間、どちらにおいてもそれぞれ尊敬に値するものがあるが、そのすべての源泉」のような日本語にすればよいと思いま

す。

　最後の文で Mill は「合理的意見や合理的行為の優越が存在している原因」を「過ちを是正できるという人間の特性」に求めています。今回は原文の紹介をここで止めましたが、この後 Mill は「人間が過ちを是正できる」ためには自由に議論できる環境が必須であり、そのためには思想・表現の自由が保障されなければならないというように自論を展開していきます。

【試 訳】

　世間一般の人の考えの変遷あるいは人間生活における普通の行動の変遷を考えてみたとき、考えと行動のどちらも現状より悪い段階にとどまっていて少しもおかしくないのに、そうなっていないのは、どんな原因によると考えるべきであろうか。人間の知性に本来的に備わった力のためでないことは確かである。なぜなら、自明とはいえない事柄の場合、それが何であろうとも、それに判断を下せる人が1人いれば、全く判断できない人が99人はいるからである。しかも、その100人に1人の判断を下せる人の能力なるものも、たんに比較の上でのものにすぎない。というのは、過去のあらゆる世代の傑出した人物の大多数は、今では誤りとわかっているいろいろな考えを抱いていたし、また、今では誰も正しいと思わない多くのことを実行したり、あるいは是認したりしていたからである。それでは、人類の間に、概して、合理的意見と合理的行為が優勢なのはなぜだろうか？　この優勢が本当にあるとすれば——人間生活が現にほとんど絶望的な状態にあり、またこれまでも常にほとんど絶望的な状態にあったというなら話は別であるが、そうでない限り、この優勢はあるに違いない——それは人間の頭脳が持つ1つの特性による。人間は、知的存在としても、あるいは道徳的存在としても、それぞれ尊敬に値するものを持っているが、この特性は、それら尊敬に

値するものすべての源泉である。それは何かというと、人間は犯した過ちを是正できるということである。

　中村正直（号は敬宇）は1832年（天保3年）江戸で幕臣の家に生まれました。3歳で初めて句読・書法を師について習い、5歳から素読を始め、10歳で昌平黌の素読吟味に優等の成績で及第、16歳で昌平坂学問所寄宿寮に入って漢学を修め、21歳で学問吟味を受け、学問出精につき銀五枚を賜り、安政5年23歳という前代未聞の若さで昌平坂学問所教授に任じられた秀才です。文久2年（30歳）頃より英学の道に入り、慶応2年34歳のとき幕府の留学生監督として渡英、2年の研鑽の後、明治元年帰朝、明治3年『西国立志編』、明治4年『自由乃理』を翻訳出版、後に東京帝国大学教授、貴族院議員を歴任して、明治24年60歳で没しました。

　中村正直の『自由乃理』の特徴は、ともかく読者に内容を理解させることに主眼を置いていることです。まず正直自身が *On Liberty* を徹底的に読み込み、自分の頭で納得がいくまで内容を考え、その自分が把握した内容を、原文の構造・表現にこだわらず、当時の日本人が了解できる言葉に移しています。societyに対応する日本語もまだなかった時代に、その苦心は並大抵のものではなかったであろうと想像されます。正直自身は自分の訳を「原文は玉の如く訳文は泥の如し」という語で評しています。精密に検討すれば、読み違いもたくさんありますが、早くも明治初年、多くの青年に西洋の最新思想たる自由思想を伝えた功績は偉大なものがあります。

【中村正直訳】
　人生の意見議論、人生の日用行事、世代を経に随ひ次第に善くなり上

進することは、何に由るやと、その所以を察するに、人々に固有する悟性ある故に由るとは、慥に言ひがたし。何となれば、自然明了ならざる事は何にかぎらず、九十九人は、これを判断すること能はず、ただ一人、能くこれを判断するを得るのみ。即ちこれ、百人の中、一人の才能のみ他のものと比較することに用ひらるるなり。且つ古より有名の人、今は謬誤なりとして世に著しき意見を執り、今は誰も善しと許さざる議論を善しと思ひしなり。かく次第に謬誤よりして、真確に近づきたるは、総体世の中、理に合ふ意見、合ふ行状に於て、軽重を比較して、その重きものに傾むき、次第に誤を改めたるに由れり。蓋しこの軽重を秤り非を改め是に遷るは、人心に具はる一徳にして、人の霊たる所以のものなり。人能く弁論に由りてその謬誤を改め能く経験に由て謬誤を正す。

24
My Early Life
by Winston Churchill

　第二次大戦中の英国の首相 Sir Winston Churchill (1874–1965) は1953年に『第二次大戦回顧録』でノーベル文学賞を受賞したほど文才に優れた政治家です。彼の *My Early Life*『わが半生』(1930) は血沸き肉踊る陸軍軍人としての彼の前半生をつづった作品で、*Young Winston* というタイトルで映画化されたこともあります。今回は *My Early Life* から彼の「理性と感情に対処する基本方針」を述べた一節を読んでみましょう。第9章 "Education at Bangalore" からの抜粋です。

問1　下線部①は metaphor（隠喩）です。筆者はこの metaphor によって何を言おうとしているのか説明しなさい。

問2　下線部②はどういうことか説明しなさい。

問3　下線部③を和訳しなさい。

問4　下線部④は因果関係を示す語です。この因果関係を説明しなさい。

It seemed to me that it would be very foolish to discard the reasons of the heart for those of the head. Indeed I could not see why I should not enjoy them both. I did not worry about the inconsistency of thinking one way and

believing the other. It seemed good to let the mind explore so far as it could the paths of thought and logic, and also good to pray for help and succour, and be thankful when they came. I could not feel that the Supreme Creator who gave us our minds as well as our souls would be offended if they did not always run smoothly together in double harness. After all He must have foreseen this from the beginning and of course He would understand it all.

Accordingly I have always been surprised to see some of our Bishops and clergy making such heavy weather about reconciling the Bible story with modern scientific and historical knowledge. Why do they want to reconcile them? If you are the recipient of a message which cheers your heart and fortifies your soul, which promises you reunion with those you have loved in a world of larger opportunity and wider sympathies, ①<u>why should you worry about the shape or colour of the travel-stained envelope; whether it is duly stamped, whether the date on the postmark is right or wrong? These matters may be puzzling, but they are certainly not important.</u> What is important is the message and the benefits to you of receiving it. Close reasoning can conduct one to the precise conclusion that miracles are impossible: that 'it is much more likely that human testimony should err, than that the laws of nature should be violated'; and at the same time one may rejoice to read how Christ turned the water into wine in Cana of Galilee or walked on the lake

My Early Life by Winston Churchill

or rose from the dead. The human brain cannot comprehend infinity, but the discovery of mathematics enables it to be handled quite easily. The idea that nothing is true except what we comprehend is silly, and that ②<u>ideas which our minds cannot reconcile are mutually destructive</u>, sillier still. ③<u>Certainly nothing could be more repulsive both to our minds and feelings than the spectacle of thousands of millions of universes — for that is what they say it comes to now — all knocking about together for ever without any rational or good purpose behind them.</u> I ④<u>therefore</u> adopted quite early in life a system of believing whatever I wanted to believe, while at the same time leaving reason to pursue unfettered whatever paths she was capable of treading.

解説を始めるに当たって1つ確認しておきたいことがあります。皆さんは、次の日本文を読んだとき、どんな意味だと思いますか？

我々の頭が折り合いをつけられない観念

直感的に「頭で理解できない観念、納得できない観念」という意味にとる方が多いと思います。もちろん、この意味はあります。しかし、もう1つ違う意味もありうるのです。それは次のような意味です。

今、A, B, C, D という4つの観念があり、我々の頭がこの4つの観念の間で相互に折り合いをつけようとしている (＝調和させようとしている) とします。そのとき [A-B] [A-C] [A-D] [B-C] [B-D] の

折り合いはつけられるのですが、CとDの折り合いだけはどうしてもつけられない（＝CとDの調和だけがどうしても取れない）としたら、「我々の頭が折り合いをつけられない観念」は「CとD」を表すことになります。言うまでもないことですが、CとDはどちらも「頭で理解できる観念」です。なぜなら、折り合いをつけることができるのは「頭で理解できる観念」同士に限られていて、すでに［A-C］［A-D］［B-C］［B-D］の折り合いがついている以上、CとDは「頭で理解できる観念」に決まっているからです。したがって、「頭が理解できない観念」という意味と「頭が（理解できる観念の中で）相互に折り合いをつけられない2つの観念」という意味は全く違う（＝違う事柄を表している）のです。

ところで、本文中に次のフレーズが出てきます。

ideas which our minds cannot reconcile
「**我々の頭が折り合いをつけられない観念**」

うっかりすると、これを「我々の頭が理解できない観念」という意味に取ってしまいます。これは間違いです。正しくは「我々の頭が（理解できる観念の中で）相互に折り合いをつけられない2つの観念」という意味なのです。これは、reconcile の意味から、こう決まるのです。この動詞は次の2つのどちらかで使います。

---

1. reconcile 複数名詞（複数名詞を調和させる＝複数名詞の間で折り合いをつける）
2. reconcile A with B（AをBに調和させる＝AとBの間で折り合いをつける）

My Early Life by Winston Churchill

ideas which our minds cannot reconcile は reconcile を 1. の使い方で使っているのです。したがって、次の2つは意味が違うのです。

---

ideas which our minds cannot <u>reconcile</u>
「我々の頭が折り合いをつけられない観念」
＝「我々の頭が調和させられない観念」
ideas which our minds cannot <u>comprehend</u>
「我々の頭が理解できない観念」

　意味が違うどころか正反対で、ideas which our minds cannot reconcile（我々の頭が調和させられない観念）は原則として ideas which our minds <u>can</u> comprehend（我々の頭が理解<u>できる</u>観念）であるはずなのです。なぜなら、前述したように、「我々の頭が理解できる観念」でなければ、そもそも調和させる対象にならないからです。くどいですが、もしこのフレーズ（＝ideas which our minds cannot reconcile）を誤解して「我々の頭が理解できない観念」という意味に読んだら、たとえば scientific knowledge（科学的知識）などはこれに入れることができません。ところが、正しく読んで「我々の頭が調和させられない観念」という意味にとれば scientific knowlegde は当然これに入れることができます（たとえば「死者の再生」と「科学的知識」は「我々の頭が調和させられない観念」です）。この違い（＝scientific knowledge がここに入るか、入らないか）は重大な解釈の違いを引き起こします（というよりも scientific knowledge がここに入らないと、本文はまったく意味不明になります）。

　国会図書館にはこの本の翻訳書が2種類収蔵されています。それを調べると、それぞれ、このフレーズを「われわれの頭脳が調和しえないところの観念」「われわれの心が調和しないもの」と訳してい

ます。これは「調和させる」と「調和する」を混同した間違いです。ささいな間違いのようですが、たった1語の誤解が文意を不明にさせ、ひいては文章全体の論旨を曖昧にさせてしまいます。くどいのを承知で最初に確認した所以です。以上のことを念頭に置いて、以下の解説を読んでください。

It seemed to me that it would be very foolish to discard the reasons of the heart for those of the head. Indeed I could not see why I should not enjoy them both. I did not worry about the inconsistency of thinking one way and believing the other. It seemed good to let the mind explore so far as it could the paths of thought and logic, and also good to pray for help and succour, and be thankful when they came.

頭脳の理を尊重するために情の理を捨てるとしたら、それは極めて愚かなことのように私には思えた。それどころか、なぜ両方を受け入れてはいけないのか、その理由が私にはわからなかった。一方で思考をめぐらしながら、他方で信じることは矛盾だが、それであれこれ悩むことはなかった。頭脳が思想と論理の道をできる限り遠くまで探求するのを許し、同時に救助救援を祈って、それが得られたときは感謝する。それで何の問題もないように思われた。

理性と感情は調和していなければいけないと考える人がいます。こういう人は、理性と感情が対立すると、両者を調和させようと努

My Early Life by Winston Churchill

力して、それができないとなると、どちらか(たいていは感情)を否定します。チャーチルは、文章の冒頭で「理性のために感情を犠牲にするのは愚かだ」と言って、この考え方に反対する立場を明らかにします。最初に結論を述べたわけです。この後、理性と感情が対立する具体例を挙げて、両者を調和させようとすることが無意味であることを繰り返し指摘します。そして、最後に再び冒頭に掲げたのと同じ結論を述べて、この一節を終えます。この冒頭の段階では、主張がまだ抽象的なので、はっきりしませんが、この後を読み進むと、チャーチルが感情と言っているのは「宗教的信仰」を指していることが明らかになります。

> I could not feel that the Supreme Creator who gave us our minds as well as our souls would be offended if they did not always run smoothly together in double harness. After all He must have foreseen this from the beginning and of course He would understand it all.

> 我々に魂とともに頭脳を与えた造物主が、必ずしも両者が協力して仲良く活動しないからといって、腹を立てることもなかろうと私は思う。結局、神は初めからこのことあるを予見したに違いなく、もちろん、そのすべてを了解してくださるだろう。

A as well as B は「B だけでなく A も」です。すると、本文は「魂だけでなく頭脳も(与えた)」と言っていることになります。これは逆ではないのか(=「頭脳だけでなく魂も」ではないか)と考える人が

います（前述の2つの翻訳も逆にして訳しています）。しかし、これで正しいのです。なぜなら、神はすべての生き物に魂を与え、さらに人間には特別に頭脳も与えたからです。in double harness は「2頭立ての引き具につながれて」という原義から「協力して」という意味を表します。

この後で具体的に出てきますが、「頭脳が思想と論理の道をできる限り遠くまで探求する」のを許した場合、聖書に出てくる話の多くにはクエスチョンマークがつきます。聖書の話を疑っておきながら、同時に、困ったときには神頼みというのでは、虫が良すぎて、神様もお許しにならないのではないかという批判が当然予想されます。それに対して、チャーチルは「それは、神様も想定内のことで、いちいち目くじら立てるようなことはなさらないだろう」と言ったのです。

Accordingly I have always been surprised to see some of our Bishops and clergy making such heavy weather about reconciling the Bible story with modern scientific and historical knowledge. Why do they want to reconcile them?

だから、わが主教や牧師たちが聖書の話を現代の科学や歴史の知識と調和させようと四苦八苦しているのを見ると、私はいつも驚かざるをえない。なぜこの2つを調和させたいと思うのだろう？

---

make heavy weather about ～は「～を実際以上に難しく考える、

My Early Life by Winston Churchill

必要以上に〜にてこずる」という意味の慣用句です。about は of の方がよく使われます。

　ここで、話が具体的になってきました。the Bible story（後で具体的に出てきますが、キリストが行った数々の奇跡のことです）は「感情の次元で、信じる対象」です。modern scientific and historical knowledge は「理性の次元で、合理的に考える基盤」です。この 2 つの折り合いをつける必要などないと言っています。

If you are the recipient of a message which cheers your heart and fortifies your soul, which promises you reunion with those you have loved in a world of larger opportunity and wider sympathies, why should you worry about the shape or colour of the travel-stained envelope; whether it is duly stamped, whether the date on the postmark is right or wrong? These matters may be puzzling, but they are certainly not important. What is important is the message and the benefits to you of receiving it.

もし受け取った手紙が、諸君の心を喜ばせ、諸君の魂を堅固にする文面であり、この世に比べて、もっと大きな機会ともっと広い同情に富む世界で、諸君が愛してきた人々と再会しうるということを約束してくれるものであるなら、長途の配達で汚れた封筒の形や色など、なぜ気にする必要があるだろうか？　切手がちゃんと貼ってあるかどうか、消印の日付が正しいか間違っているか、それがどうだというのだ？　多少は当惑するかもしれないが、決して重大なことじゃない。大事なのは手紙の内

> 容であり、それを受け取ったことから諸君が得る恩恵なのだ。

　後に envelope とか stamp とか postmark などが出てくるので a message は手紙のことだとわかります。2つの whether 節は名詞節で about の目的語です。すなわち、why should you worry about whether ... です。puzzling は「人を当惑させるような性質を持っている」という意味の現在分詞形容詞用法で、be の補語です。the benefits to you of receiving it は「それを受け取ることから、諸君にもたらされる恩恵」という意味です。

　ここは、直前の文で述べた「聖書の話と現代の科学的・歴史的知識の間で折り合いをつける必要などない」という内容を、手紙になぞらえて再説したのです。a world of larger opportunity and wider sympathies（より大きな機会とより広い同情に富む世界）は天国のことで、そこで、愛してきた人々とあなたが再会するのを約束する手紙というのは聖書のことです。チャーチルは「手紙の内容が良ければ、封筒の体裁や切手貼付の有無や消印の正誤などは問題ではない」と言っています。これは metaphor（隠喩）で、手紙の内容は「聖書のメッセージ（＝聖書の教え）」を指しています。それに対して、封筒や切手や消印は「（聖書のメッセージが込められた）話の筋書き」で、封筒が汚れていたり、切手が貼ってなかったり、消印の日付が間違っているのは「話の筋書き（たとえばキリストの水上歩行とか死後復活とか）に現代の科学的・歴史的知識で説明がつかない部分がある」ということです。つまり「聖書のメッセージが人に喜びや恩恵を与えるなら、そのメッセージを届けるための話の筋書きに現代の科学的・歴史的知識で説明がつかない部分があっても差し支えない」と言いたいのです（これが問1の答えです）。

My Early Life by Winston Churchill

> **Close reasoning can conduct one to the precise conclusion that miracles are impossible: that 'it is much more likely that human testimony should err, than that the laws of nature should be violated'; and at the same time one may rejoice to read how Christ turned the water into wine in Cana of Galilee or walked on the lake or rose from the dead.**

緻密な議論をすれば、奇跡はありえないという明確な結論に至るだろう。自然法則が破られるより、人間の証言が間違っている方がずっと可能性が高いということになろう。それと同時に、キリストがガリラヤのカナで水を葡萄酒に変えた話や湖の上を歩いたり、死者から甦った話を読んで喜んでもいいではないか。

　Close reasoning can conduct の conduct は「導く」という意味です。that 'it is much … be violated' は that miracles are impossible を別の言葉で言い換えたものです。この2つの that 節はどちらも the precise conclusion に対する同格名詞節です。

　「聖書の話と現代の科学的・歴史的知識の間で折り合いをつける必要などない」という立場をとると、両者の矛盾はいつまでも解消されないことになります。そこで、その矛盾をどうするのかという問題が出てきます。チャーチルはそれに対して「矛盾はそのままにして、聖書の話と現代の科学的・歴史的知識をどちらも受け入れればよいのだ＝聖書の話を否定する必要はない」と主張します。理性の

次元では「奇跡などありえない、奇跡を目撃したという人間の証言が間違っているのだろう」という結論に達します。その一方で、感情の次元で、キリストがなし給うた奇跡を読んで喜ぶことに何の問題がある、というわけです。

> The human brain cannot comprehend infinity, but the discovery of mathematics enables it to be handled quite easily. The idea that nothing is true except what we comprehend is silly, and that ideas which our minds cannot reconcile are mutually destructive, sillier still.

人間の頭脳は無限を理解することはできない。ところが、その無限を我々は数学の発見によってきわめて容易に取り扱うことができる。だから、我々が理解できるもの以外はいかなるものも真実ではないという考えは馬鹿げている。まして、我々の頭脳が調和させられない観念は互に破壊的であると考えるなら、それはさらに輪をかけて愚かなことである。

この部分の本題は and の後です。チャーチルは、and の後に出した ideas which our minds cannot reconcile are mutually destructive (我々の頭脳が調和させることができない観念は相互に破壊的である) という考え方は「全く馬鹿げている」と言いたいのです。そこで、この考え方の「愚かさ」を強調するために and から前の部分を布石として書いたのです (この布石を敷いておけば、and の後の考え方をただの silly ではなく、sillier still だと言えるからです)。

My Early Life by Winston Churchill

「無限とは何だ?」と問われれば「始まりと終わりがないことだ」と答えられます。つまり、無限という概念は「観念的に理解する」ことはできるのです。しかし、それを「具体的にイメージする」ことはできません。The human brain cannot comprehend infinity（人間の頭は無限を理解できない）の comprehend（理解する）は後者の意味です。つまり、この文は「人間の頭は無限を具体的にイメージすることができない」という意味です。しかし、我々は数学を使って無限を容易に扱うことができます。したがって「我々が理解できる（＝具体的にイメージできる）こと以外は、どんなことも真実ではない⇒我々が理解できない（＝具体的にイメージできない）ことは真実ではない」という考え方は馬鹿げている、とチャーチルは言います（なぜなら、無限は我々が具体的にイメージできないことですが、数学で扱える以上、真実でないとは言えないからです）。

「真実ではないと決めつける」ことを「否定する」と言い換えることにすると、これは「我々が理解できないことを否定する考え方は馬鹿げている」ということになります。この部分は、この後で sillier still（さらにいっそう馬鹿げている）と言うための布石なのです。先にその論理関係を説明しておくと「我々が理解できないことでさえも、それを否定する考え方は馬鹿げているのだから、まして、我々が理解できることとなったら、それを否定する考え方など、さらにいっそう馬鹿げていて論外だ」と言いたいのです。

and that ideas which... は、and the idea that ideas which our minds cannot reconcile are mutually destructive is sillier still. という文の下線部が省略されています。reconcile の意味に注意して直訳すると「我々の頭脳が調和させることができない観念は相互に破壊的であるという考えはさらにいっそう馬鹿げている」となります。ここは前に出てきた some of our Bishops and clergy making such heavy weather about reconciling the Bible story with modern scientific and historical knowledge を受けて書いていることは明らかです。つまり ideas which our minds cannot reconcile（我々の頭脳が調和させることができない観念）は the Bible story（聖書の話）と modern scientific and historical knowledge（現代の科学的・歴史的知識）を指しているのです。そして、この2つが mutually destructive（互いに相手を破壊する）というのは「聖書の話を信じるなら現代の科学的・歴史的知識を否定しなければならず、逆に現代の科学的・歴史的知識に基づいて合理的に考えるなら聖書の話を否定しなければならない」ということです。mutually destructive は incompatible（両立できない）と言っても同じです。この部分はこの文章中でもっとも読み取りにくい箇所なので、くどいですが言葉を補って、和訳すると次のようになります（これが問2の答えです）。

> 聖書の話と現代の科学的・歴史的知識のように、我々の頭脳が調和させることができない観念は、互いに破壊的であって、どちらかが否定されなければならない。

ところで、チャーチルは「理性と感情を調和させる必要はなく、矛盾はそのままにして、両者を維持せよ」というのが自論ですから、一方で「聖書の話」を信じ、同時に他方で「現代の科学的・歴史的知識」に基づいて合理的に考えることは何の問題もないのです。「聖書の話と現代の科学的・歴史的知識は、我々の頭脳が調和させることができない観念であり、両者は相互に破壊的である」という考え方は、調和させる必要のないものをあえて調和させようとして、それができないとなるや、今度は、どちらか一方を（通常は「聖書の話」でしょう）否定する、というのですから、チャーチルからすれば言語道断で「全く馬鹿げている」のです。

My Early Life by Winston Churchill

　そこで、チャーチルは、それを読者にアピールしたいのですが、その際、先に The idea that nothing is true except what we comprehend is silly（我々が理解できないことは真実ではないという考え方は馬鹿げている）と言っておくと、アピール度が強まるのです。なぜなら、「聖書の話」と「現代の科学的・歴史的知識」はどちらも what we can comprehend「我々が理解できる（＝具体的にイメージできる）こと」だからです。つまり「**我々が理解できないこと（たとえば無限）でさえも、それを真実ではないと言って否定する考え方は馬鹿げているのだから、まして、我々が理解できること（たとえば聖書の話や現代の科学的・歴史的知識）を、相互に破壊的だ（＝両立しない）と言って、どちらかを否定する考え方など、さらにいっそう馬鹿げていて論外だ**」と畳みかけることができるわけです。これが、この部分のレトリックです。

Certainly nothing could be more repulsive both to our minds and feelings than the spectacle of thousands of millions of universes — for that is what they say it comes to now — all knocking about together for ever without any rational or good purpose behind them.

何が受け入れがたいといって、何十億という宇宙が——現在はこれくらいの数になると言われている——すべて、背後にこれといった合理的あるいは善良な目的をもたず、永久に一緒に漂っているという光景以上に、我々の頭脳も感情も反発してしまって、受け入れがたいものは確かにありえないであろう。

repulsive は「嫌悪感を起こさせる、反発心を起こさせる」という意味です。nothing could be more repulsive both to our minds and feelings than ... は「比較級を用いて最上級の意味を表す構文」で「than 以下（= ...）は我々の頭脳にとっても感情にとっても、最も反発心を起こさせるものだ」という意味です。

ダッシュではさまれた挿入部分を説明しましょう。come to ～ には「（請求書の金額などが）合計して～の数字になる」という意味があります。そこで、They say that it comes to the figures now. は「それは現在合計するとその数字になると言われている」という意味です。

この文を the figures を修飾する形容詞節に変えるときは、文中の the figures を関係代名詞（= which）に変えて文頭に移します。次に従属接続詞の that を省略します。すると which they say it comes to now となります。これを被修飾語の the figures の後に置くと、次のような文を作れます。That is the figures which they say it comes to now.（それが、現在合計するとそれがなると言われている数字です）この文の the figures which（= 先行詞 + 関係代名詞）の部分を what（= 先行詞を含む関係代名詞）に変えたのが本文です（cf. p.7, 23, 66 の関係詞連鎖）。

that の前についている for は理由を表す等位接続詞です（cf. p.106）。that は thousands of millions という数字を指し、it は宇宙の数を指しています。したがって、この部分を直訳すると「というのは、それが現在合計すると宇宙の総数になると言われている数だからである」となります。

次の例を見てください。

the problem of the baby not having enough sleep
「その赤ん坊が十分な睡眠をとれないという問題」

havingは動名詞で「ofの目的語」、the babyはhavingの「意味上の主語」、ofは「同格のof（＝「～という」という意味を表すof）」です。本文はこれと同じ構造です。意味上の主語と動名詞の間に挿入語句が入っているのでわかりにくいだけです。

　the spectacle ofのofは同格のofです。thousands of millions of universesが動名詞（＝knocking）の意味上の主語です。allはthousands of millions of universesと同格の代名詞です。knockingはofの目的語です。aboutは副詞で、knock aboutで「（あたりに知られずに）ある、いる」という意味を表します。for everは「永久に」という意味の副詞句です。したがって、the spectacle of thousands of millions of universes all knocking about together for everは「何十億もの宇宙がすべて一緒に永久にただよっているという光景」という意味になります。

　チャーチルがこの文で何を言いたかったのかは、次の文を読むとわかります。次の文では I therefore adopted...（それゆえ、私は...を採用した）と言っています。つまり、この「宇宙の話」はチャーチルが...を採用した理由なのです。これが、どういう論理で理由になるのかは...を読まなければわかりません。そこで、次の文を読んでから考えてみましょう。

I therefore adopted quite early in life a system of believing whatever I wanted to believe, while at the same time leaving reason to pursue unfettered whatever paths she was capable of treading.

> それゆえ私は、自分が信じたいものは何でも信じ、その一方で同時に、理性に対しては、それがたどれる道はどんな道でも拘束せずに自由にたどれるように放任するという方針をごく若いときに採用したのだ。

　whatever は名詞節か副詞節を作る言葉で、whatever 自体は節の内部で名詞か形容詞の働きをします。whatever I wanted to believe は名詞節で、believing の目的語です。whatever は名詞で、to believe の目的語になっています。「私が信じたいと思うことは何でも（信じる）」という意味です。

　while 以下は、while at the same time <u>I adopted a system of leaving reason to pursue</u> unfettered whatever paths she was capable of treading から下線部が省略されています。while は「比較、対照」を表す従属接続詞で「一方」などと訳します。unfettered は「束縛されていない」という意味の形容詞で、働きは準補語です（cf. p. 43, 53, 91, 177）。次の文を見てください。

Reason pursues unfettered whatever paths she was capable of treading.
「理性は、それがたどれる道はどんな道でも拘束されずに自由にたどる」

　この英文は Reason が主語、pursues が完全他動詞（= S + V + O の第3文型を作る動詞）、unfettered が形容詞で準補語、whatever 以下が名詞節で pursues の目的語です。別の言い方をすれば、Reason pursues whatever paths she was capable of treading. と Reason is unfettered. を1文に合成したものです。このように、S + V + O の第

My Early Life by Winston Churchill

3文型に、S の状態を説明する準補語をつけた S+V+準補語+O という形は極めて稀です (S+V+O の第3文型に、O の状態を説明する準補語をつけた S+V+O+準補語という形はよくあります)。

whatever paths she was capable of treading は名詞節で、to pursue の目的語です。whatever は形容詞で、paths を修飾しています。paths は treading の目的語です。「理性がたどれる道はどんな道でも (たどる)」という意味です。

この最後の文で、チャーチルは「理性と感情の折り合いをつけることは止め、それぞれ独自の道を自由に歩ませることにした」と言っています。そして、それは、この前に出した「宇宙の話」が理由だというのです (therefore と書いてあります)。それでは、いかなるメカニズムで「宇宙の話」は理由になるのでしょうか？ この因果関係が即座にわからないとしたら、それは原因 (＝宇宙の話) と結果 (＝チャーチルの方針採用) の間に飛躍があるからです。この飛躍を埋める中間命題がわかれば、因果関係が了解できるはずです。そこで、これをじっくり考えることになります。

この中間命題は、ズバリ言うと「地上のことは、宇宙の話に比べればまだマシだ」だと思います。この中間命題を導く手がかりは、宇宙の文の中にある repulsive both to our minds and feelings (我々の頭脳にとっても感情にとっても、反発心を起こさせる) というフレーズです。このメカニズムを詳しく説明しましょう。

これまで理性と感情が対立するテーマとして繰り返し取り上げられてきたのは「聖書の話」です。聖書の話は理性では説明がつきません。しかし、感情では信じたいのです (信じたいとまで思わなくても、少なくとも読んで楽しいのです)。そこで、なんとか理性と感情の折り合いをつけようとして苦心惨憺、努力するわけです。ところが**宇宙の話となると**、桁違いに壮大すぎて、理性で説明できる・できないとか、感情で信じられる・信じられないとかいう以前に、**理**

性と感情が共に反発してしまって、受け入れるのが困難なほどです。こうなると、地上のことは、少なくとも「理性と感情が共に反発して受け入れを拒む」というほど「わけがわからないもの」ではないのですから、宇宙に比べればまだマシで、そうなると理性と感情の対立ごときは大した問題には感じられません。この際、この程度の軋轢(あつれき)は目くじら立てずに甘受すべきで、理性と感情の折り合いをつけようとして努力することなど馬鹿らしくなってきます。「どうせ宇宙のような途方もない話になれば、理性も感情も反発して役に立たないのだから、地上での奇跡譚ごときで理性がどうの、感情がどうの、と騒いでもしょうがない」という具合です。それで、チャーチルは若いときに「理性と感情の折り合いをつける」ことなどさっさと放棄したというわけです(これが問4の答えです)。くどいですが、最後の文に即して再説すると次のようになります。

> それゆえ(=どうせ「宇宙」のような壮大なものが現われれば、理性も感情もあったものじゃないのだから)、私は、理性と感情の折り合いをつけるような無益なことは最初から放棄して、「理性で説明できないもの」は感情に委ねて、感情がそれを信じたければ自由に信じるようにさせ、その一方で「理性で説明できるもの」は理性に委ねて、理性がなんの拘束も受けずにそれを追求できるようにするという方針を採用した。

【試訳】
　頭脳の理を尊重するために情の理を捨てるとしたら、それは極めて愚かなことのように私には思えた。それどころか、なぜ両方を受け入れてはいけないのか、その理由が私にはわからなかった。一方で思考をめぐ

My Early Life by Winston Churchill

らしながら、他方で信じることは矛盾だが、それであれこれ悩むことはなかった。頭脳が思想と論理の道をできる限り遠くまで探求するのを許し、同時に救助救援を祈って、それが得られたときは感謝する。それで何の問題もないように思われた。我々に魂とともに頭脳を与えた造物主が、必ずしも両者が協力して仲良く活動しないからといって、腹を立てることもなかろうと私は思う。結局、神は初めからこのことあるを予見したに違いなく、もちろん、そのすべてを了解してくださるだろう。

だから、わが主教や牧師たちが聖書の話を現代の科学や歴史の知識と調和させようと四苦八苦しているのを見ると、私はいつも驚かざるをえない。なぜこの 2 つを調和させたいと思うのだろう？ もし受け取った手紙が、諸君の心を喜ばせ、諸君の魂を堅固にする文面であり、この世に比べて、もっと大きな機会ともっと広い同情に富む世界で、諸君が愛してきた人々と再会しうるということを約束してくれるものであるなら、長途の配達で汚れた封筒の形や色など、なぜ気にする必要があるだろうか？ 切手がちゃんと貼ってあるかどうか、消印の日付が正しいか間違っているか、それがどうだというのだ？ 多少は当惑するかもしれないが、決して重大なことじゃない。大事なのは手紙の内容であり、それを受け取ったことから諸君が得る恩恵なのだ。緻密な議論をすれば、奇跡はありえないという明確な結論に至るだろう。自然法則が破られるより、人間の証言が間違っている方がずっと可能性が高いということになろう。それと同時に、キリストがガリラヤのカナで水を葡萄酒に変えた話や湖の上を歩いたり、死者から甦った話を読んで喜んでもいいではないか。人間の頭脳は無限を理解することはできない。ところが、その無限を我々は数学の発見によってきわめて容易に取り扱うことができる。だから、我々が理解できるもの以外はいかなるものも真実ではないという考えは馬鹿げている。まして、我々の頭脳が調和させられない観念は互に破壊的であると考えるなら、それはさらに輪をかけて愚かなことである。何が受け入れがたいといって、何十億という宇宙が ─ 現在

はこれくらいの数になると言われている — すべて、背後にこれといった合理的あるいは善良な目的をもたず、永久に一緒に漂っているという光景以上に、我々の頭脳も感情も反発してしまって、受け入れがたいものは確かにありえないであろう。それゆえ私は、自分が信じたいものは何でも信じ、その一方で同時に、理性に対しては、それがたどれる道はどんな道でも拘束せずに自由にたどれるように放任するという方針をごく若いときに採用したのだ。

Reproduced with permission of Curtis Brown Ltd, London on behalf of The Estate of Winston S. Churchill/Copyright © Winston S. Churchill

25
A Flower of Asia
by Cyril

　仕事で地方に行った際、その土地の昔からある古書店を覗くのが楽しみです。先年、金沢市内の古書店に入ったところ、地元の某大学図書館から除籍になって放出された古い洋書が隅の方にたくさん積まれていました。そのとき目に留まったのが *A Flower of Asia* です。布張りハードカヴァーの立派な装丁で、400ページに及ぶ大部な本です。ただ大分汚れてくたびれていました。*An Indian Story* という副題がついていて、著者はBy Cyrilとなっています。開いてみると1901年にロンドンで出版されたキリスト教関係の本であることがわかりました。Prefaceには東洋の宗教に対する辛らつな見解がつづられていて、なかなか今は見かけない類の文章です。20世紀初年のイギリスで東洋の宗教がどのように見られていたかを読んでみるのも面白いと思って、購って帰りました。帰宅してから、少し読み始めてみると、インドのCalcuttaを舞台にした宗教的内容の小説であることがわかりました。

　それにしても著者名がBy Cyrilだけというのも変です。いろいろ調べてみると、Cyrilはpseudonym（筆名）で、本名はHenry Edward Dennehy、アイルランドの南西部Munster地方の港湾都市Queenstownで聖公会の教区牧師を勤め、後に大執事になった聖職者であることがわかりました。この人は多くの著作があるようで、*A Flower of Asia* の他にも *Alethea* や *History of the Great Island* などの作品が記録に残っています。*A Flower of Asia* は同時代の宗教小

説 *The Triumph of Failure* と合本して 1976 年に New York で再版されています。

Part 1 の最終回は *A Flower of Asia* の Preface 全文を読んでみましょう。キリスト教に強く傾斜した、宗教的な内容の文章ですが、読解の技法と論理を駆使して真意を探る練習に適した難文です。

問 1 下線部①の the sheepfold, the door, scaled the fence, the sheep は metaphor (隠喩) です。これらの metaphor の中身を明らかにして、下線部①の内容を説明しなさい。

問 2 下線部②を和訳しなさい。

問 3 下線部③の内容を説明しなさい。ただし次の 2 つの条件を守ること。
(1)「S が V すること」という形式で説明する。
(2) decadent の内容を明らかにする。

問 4 下線部④と⑤の内容を簡潔に説明しなさい。

¶1　The religions of the East, adherents of which appear in these pages, should be taken for what they are worth — as no better than pagan forms of belief and ethics. The highest estimate that can be made of them scarcely brings them to the level of the best of the old philosophies. The gems that sparkle in them clearly are not their own, and the great traditions they reflect have come from a common source to which no one of them can lay a special claim.

¶2　The zeal with which their members act according to their lights, and the efforts they make to capture heaven,

A Flower of Asia by Cyril

as they understand it, must awaken in us thoughts of sympathy; but the Oneness of Faith is not affected by their struggles, nor is ①the obligation to enter the sheep-fold by the door less pressing because a few in their invincible ignorance and longing for God have scaled the fence, and been allowed to mingle with the sheep.

¶ 3　②What a revelation it is, if we look over the wide earth, to see man everywhere hastening on to a bourne where he thinks he will find happiness, and straining his human vision to the utmost to see that favoured region in which he hopes to rest for ever! ③The revulsion of some among the decadent Christians in Europe is a small item compared to ④the forward movement of the human race as a whole; and its diversity from ⑤the general tendency of religious thought declares its origin evil.

¶ 1　The religions of the East, adherents of which appear in these pages, should be taken for what they are worth — as no better than pagan forms of belief and ethics.

　この小説には東洋の宗教の信者が登場するのであるが、これらの宗教はそれが持っている価値のままに受け取らねばならない。すなわち信仰と倫理の異教的形態にすぎないものと捉えるべきである。

前置詞の for には、前置詞の as と同じ意味（=～として）があります。この意味のときの for は目的語に名詞だけでなく形容詞を置くこともできます。たとえば次のような具合です。

He passes for rich. 「彼は金持ちで通っている」

　よく出てくる take ～ for granted は、for の目的語に形容詞用法の過去分詞を置いたもので「～を認められているとして受け取る ⇒ ～を当然のことと思う」という意味です。本文は for の目的語に「関係代名詞の what が作る名詞節」を置いています。

　worth という形容詞の特殊性については p.77 で説明しましたので、そこを見てください。さて、They are worth X.（それらは X の価値がある）という文を形容詞節に変えて、その形容詞節で X を修飾すると X which they are worth（それらは X の価値があるが、その X）となります。この X which の部分（＝先行詞＋関係代名詞）を what（＝先行詞を含んだ関係代名詞）に変えると what they are worth（それらはある価値を持っているが、その価値）となります。これを for の目的語に置いたのが本文です。

　したがって、第 1 文の主節は「東洋の宗教は、それらが持っている価値として受け取られるべきである」となります。これは「過大評価しても、過小評価してもいけない。それらが持っている価値のままに受け取るべきだ」という意味です。この後に続く as no better than pagan forms of belief and ethics を読むと、筆者が東洋の宗教を低く評価していることがはっきりわかります。したがって、ここは「東洋の宗教を過大評価すべきでない」というのが筆者のイイタイコトです。なお、for what S is worth は「それだけのものとして、額面通りに」という意味の慣用句になっています。

　no better than は no 比較級 than ～の形ですが、ここは p. 31, 101

で出てきた「クジラ構文」とは違う使い方です。クジラ構文の場合は「no 比較級」の前に〜（＝than 以下）に対応する（＝比較の対象になる）語句が出ていました。たとえば、A whale is no more a fish than a horse is. であれば no more の前に a horse に対応する語（＝A whale）が出ていて、この2つを比べるという構造になっています。それに対して、Father gave me no more than 500 yen.（父は私に500円しかくれなかった）の場合は no more の前に than 以下（＝500 yen）に対応する語句が出ていません。それどころか no 比較級 than の部分（＝no more than）を削除して Father gave me 500 yen. にしても英文は成立し、事柄（＝事実関係）も変わりません。このような「no 比較級 than」は than 以下に対する筆者の感想（＝捉え方）を表しています。「than 以下は比較級の反対だなあ」という感想です。no more than 500 yen であれば「500円は more の反対だなあ（＝少ないなあ）」となります。そこで no more than 500 yen は「たったの500円」とか「500円しか」という訳し方をするわけです。

　本文の no better than pagan forms of belief and ethics は後者の形です。no better than を削除して as pagan forms of belief and ethics だけにしても事柄は変わりません。したがって、no better than は pagan forms of belief and ethics に対する筆者の捉え方を表しています。それは「pagan forms of belief and ethics は better の反対だなあ＝低級だなあ」という捉え方です。そこで no better than pagan forms of belief and ethics は「信仰と倫理の異教的形態にすぎないもの」という貶（おと）めた意味になるのです。as no better than pagan forms of belief and ethics は for what they are worth を具体的に言い換えたものです。

> The highest estimate that can be made of them scarcely brings them to the level of the best of the old philosophies. The gems that sparkle in them clearly are not their own, and the great traditions they reflect have come from a common source to which no one of them can lay a special claim.

これらは、なしうる限り最も高く評価しても、古代哲学の最良のものとかろうじて肩を並べる程度のものである。東洋の宗教において珠玉の輝きを放つ要素は、明らかにそれに独自のものではなく、また、これらの宗教が反映する偉大な伝説には1つの共通の起源があり、どの1つの宗教もその起源に対して特別な権利を主張することはできない。

　The highest は even の意味を含んでいます。The highest estimate は「最も高い評価でさえ」という意味です。scarcely brings them to the level of the best of the old philosophies の scarcely は、否定の意味（＝ほとんど～でない）ではなく、肯定の意味（＝かろうじて～だ）です。

　gem は「宝石」から転じて「珠玉、至宝、精髄」という意味を表します。that … them が形容詞節であり、clearly は are not their own を修飾しています。are not their own（それら自身のものではない⇒独自のものではない）というのは「何か他の出所があり、そこから借りてきたものだ」ということです。

　本文の tradition は「伝統」ではなく「伝説（＝史実として信じられ

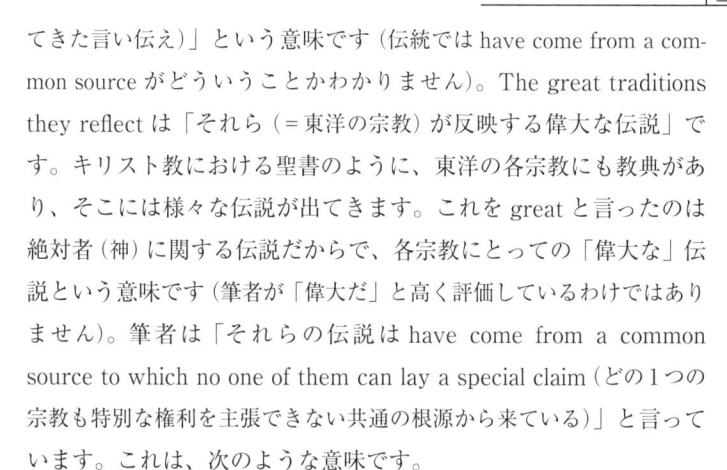

てきた言い伝え)」という意味です (伝統では have come from a common source がどういうことかわかりません)。The great traditions they reflect は「それら (＝東洋の宗教) が反映する偉大な伝説」です。キリスト教における聖書のように、東洋の各宗教にも教典があり、そこには様々な伝説が出てきます。これを great と言ったのは絶対者 (神) に関する伝説だからで、各宗教にとっての「偉大な」伝説という意味です (筆者が「偉大だ」と高く評価しているわけではありません)。筆者は「それらの伝説は have come from a common source to which no one of them can lay a special claim (どの1つの宗教も特別な権利を主張できない共通の根源から来ている)」と言っています。これは、次のような意味です。

これらの偉大な伝説は、宗教ごとに話の筋やディテールが少しずつ違っている。しかし、元は1つの真実 (＝ある出来事) に起源があり、そこから派生する間に違いが生じたのである。したがって、どの1つの宗教も起源となった真実 (＝出来事) に対して「わが教きょうだけのものである」と主張することはできない。

たとえばキリスト教、ユダヤ教、イスラム教のいずれの教えにもイエスにまつわる話 (これが great tradition です) が出てきます (もちろん、話の筋やイエスの扱いは少しずつ違っています)。しかし、これらは1つの真実 (＝イエスをめぐって起きた出来事) から派生したものであり、どの宗教も「その1つの真実」を独占することはできません。これと同じことがヒンズー教、ジャイナ教、仏教などの東洋の宗教に言えるということです。ただし、筆者はキリスト教を唯一の真正な宗教と信じていますから、私がここに例として挙げたようなことは認めないと思います。ところで、筆者はこの文によって何が言いたいかというと「したがって、東洋の宗教の中で、どれか1

つが傑出しているというわけではない ⇒ 東洋の宗教を過大評価してはならない」ということです。

> ¶2　The zeal with which their members act according to their lights, and the efforts they make to capture heaven, as they understand it, must awaken in us thoughts of sympathy;

これらの宗教の信者たちが自分の宗教の規範にしたがって行動するその熱意、彼らが理解する彼らなりの天国を手に入れるために払う努力、これらは我々の中に同情の念を掻き立てずにはおかない。

with which = with zeal = zealously です。*Webster* 大辞典は lights (light の複数形) に a person's stock of information or ideas: philosophy of life: STANDARDS という語義を挙げ、tried to make him behave himself — according to English lights (彼を——イギリス人の基準からして——行儀よく振舞わせようとした) という例を載せています。本文の lights はこの意味です。their members act according to their lights は「これらの宗教の信者たちが各自の基準にしたがって行動する (その熱意)」という意味です。ところで、筆者は「その熱意は我々の中に同情の念を掻き立てずにはおかない」と言っています。筆者がこのように言うのは、their members (= 東洋の宗教の信者たち) が、筆者からすれば真の宗教ではない「東洋の宗教」を信じ込んで、(筆者から見て) あれこれ見当はずれの宗教活動・努力をしていることを気の毒に思うからです。したがって、本文の act according to their lights は、通常の行動ではなく、宗教に関連した行動でなければなりません。そこで「これらの宗教の信者たちが各自の基準にしたがって行動する、その熱意」と言うときの「各自の基準（= their lights）」の中身は their religious standards（各自が信じる宗教の規範）と考えるべきです。

従属接続詞の as が「名詞を修飾する形容詞節」を作ることがあります。この場合は、被修飾語の名詞を指す代名詞が節内に含まれていることが特徴です。たとえば次の文を見てください。

Industry as we know it began in 1765, the year when James Watt developed the first practical steam engine.
「我々が知っているような工業は、ジェームズ・ワットが最初の実用的な蒸気機関を開発した年、1765 年に始まった」

as we know it は形容詞節で Industry を修飾しています。節内の it は Industry を指しています。この形容詞節は限定的修飾要素（cf. p. 252）ですが、次のようにコンマとコンマで区切ることもあります。

Industry, as we know it, began in 1765, ...

ちなみに、関係代名詞の as を使って同内容の文を作ると、次のようになります。

Such industry as we know began in 1765, ...

本文の as they understand it は「従属接続詞の as が作る形容詞節」で、heaven を修飾しています。it は heaven を指しています。heaven, as they understand it, は「彼らが理解しているような天国」

という意味です。これは、キリスト教の「天国」とは違う、ということをはっきりさせているのです。

筆者はキリスト教の聖職者で「キリスト教だけが真の宗教である」と堅く信じています。彼にとっては、東洋の宗教は偽教であり、それを信じる人たちの営みは見当違いな行いなのです。ですから、東洋の宗教を信じる人たちが各自の宗教規範にしたがって熱心に活動したり、天国を手に入れるために努力している様子を見ると、哀れを催し、同情の念を抱かざるをえない、というわけです。

---

but the Oneness of Faith is not affected by their struggles, nor is the obligation to enter the sheepfold by the door less pressing because a few in their invincible ignorance and longing for God have scaled the fence, and been allowed to mingle with the sheep.

しかし、彼らの必死の努力によっても真の信仰が1つであることは影響を受けない。また、度し難いほど無知で、それでいて神を熱望する少数の者が羊の囲いの柵を越えて中に入り、羊たちと交わることを許されているからといって、羊の囲いには門から入らなければならないという義務の優先性が緩和されるものでもない。

---

but は逆接で「(同情は抱く)しかし(自分の信念＝真理はいささかも揺らがない)」という意味です。

the Oneness of Faith の of は「主格の of」で「Faith(信仰)が1つであること」という意味です。これは「真の信仰は1つしかなく、

それはキリストの教えを信じることである」ということを表しています。それがis not affected by their struggles (彼らの必死の努力によって影響されない) というのは、彼ら、東洋の異教徒たちの懸命の努力に同情はするが、だからといって「キリストの教えを信じること以外に信仰はない」という真理は揺るがないということです。

nor 以下は倒置しています。nor は等位接続詞ですが、中に not を含んでいるために、nor の後に続く S+V は、文頭に否定の副詞が出たときと同じ倒置形 (=疑問文と同じ語順の倒置形) になるのです。そこで、nor 以下を普通の語順で書くと次のようになります。

and the obligation to enter the sheepfold by the door is not less pressing because . . . .

これはいわゆる「not ... because ～」の構文です。「not ... because ～」にはいくつかのタイプがありますが、これは次のタイプです。

S not V because ～.
「S+V because ～. (～なのでSはVする)」と思うでしょうが、実は違うのです。本当は、たとえ～だとしても、SはVするというわけではないのです。⇒ ～だからといって、SはVするというわけではない。

It doesn't follow that he is a good teacher because he is a good scholar.
「彼は偉大な学者なので、当然よい教師ということになる」と思うでしょうが、実は違うのです。本当は、たとえ彼が偉大な学者だとしても、当然よい教師ということになるわけではないのです。⇒ 彼が

偉大な学者だからといって、当然よい教師ということになるわけではない。

　本文はこのタイプですから、次のようになります。

「〜なので、門から羊の囲いに入らなければならないという義務はpriorityが低下する」と思うでしょうが、実は違うのです。本当は、たとえ〜だとしても、門から羊の囲いに入らなければならないという義務はpriorityが低下するわけではないのです。⇒ 〜だからといって、門から羊の囲いに入らなければならないという義務はpriorityが低下するわけではない（pressingはurgent「差し迫った」という意味ですが、これはこの文では「priorityが高い＝何をおいてもまず守らなければならない」ということです）。

　さて、それでは内容を考えてみましょう。nor以下はmetaphor（隠喩）で書かれています。この隠喩は、表面を訳すのは簡単ですが、事柄をつかむには少し考えなければなりません。ここを、おおむね次のように読んだ人はいないでしょうか。

異教徒は一切「天国」に行けないというわけではなく、異教徒でも神を熱望する少数の者は「天国」に入って、そこでキリスト者と交わっている。しかし、だからといって、キリストの教えを通って「天国」に行かなければならないという義務のpriorityが低下するということはない。

　この読み方はthe sheepfoldをHeaven（天国）の隠喩と捉えています。これは間違いです。この文は「死後」のことを言っているのではなく、終始「現世」のことを言っているのです。キリスト教の世

界では、イエスキリストの隠喩はshepherd（羊飼い）です。the Good Shepherd（よき羊飼い）と言えば、それはキリストを指します。となると、sheep（羊）は「キリストによって飼われる存在」であり、sheep側から言えば「キリストに従う存在」ということになります。したがってthe sheepは「キリストの教えに従う人たち＝キリスト教の信者」です。するとthe sheepfold（羊の囲い）は、羊が暮らしている場所を囲む柵ですから、キリスト教の信者が暮らしている生活圏とそれ以外の生活圏（＝異教徒が暮らしている生活圏）を隔てる囲いということになります。

ただ注意しなければいけないのは「キリスト教の信者が暮らしている生活圏」と言っても、それは、たとえば戦前の上海にあった英米租界とかフランス租界のような地理的に閉鎖された居住区域を指しているのではないということです。これはキリスト教を信じる人たちが教会を中心に交流している、その交流の範囲ということです。この中（＝the sheepfoldの中）では、キリスト教を信じる人たち（＝the sheep）がthe Christian way of lifeを守って暮らしているのです。このthe sheepfoldには1つだけ門（＝the door）があり、中に入る（＝キリスト教を信じて暮らしている人たちの仲間に入る）ためにはその門から入らなければなりません。その門とはもちろん「キリスト教」です。

さて、これで大分事柄が鮮明になってきました。まずthe obligation to enter the sheepfold by the doorはthe doorにFocus（焦点）が当たっています。したがって「門から羊の囲いの中に入らなければいけないという義務」では少しピントがボケ気味です。Focusを合わせると「羊の囲いの中に入るのは門からでなければいけないという義務」となります（Focusについては『英語リーディングの真実』Chapter 9参照）。くどいですが、これを事柄に引き直して言うと「キリスト教を信じthe Christian way of lifeを守って暮らしている人た

ちの仲間に入るのは、キリスト教を信じるというルートからでなければいけないという義務」となります。この義務はすべての人に適用されるものです。

次にa few は「東洋の宗教を信じている人たちの中の少数＝少数の異教徒」です。invincible ignorance（不屈の無知）は complete ignorance（完全な無知）とは違います。complete ignorance であれば、根気強く教え込めば次第にわかってくる可能性があります。ところが invincible ignorance は、教えのプロである宣教師がどんなに手段を尽くして教え込んでもわからせることができないのです。invincible ignorance は「度し難い無知」です（度は「救う」という意味です）。この ignorance は ignorance of Christianity です。longing（熱望）は名詞で in their longing for God とつながります。そこで a few in their invincible ignorance and longing for God は「度し難いほど無知で、神を熱望する少数の異教徒 ⇒ 度し難いほどキリスト教について無知で、それでいて神を熱望する少数の異教徒」という意味になります。

have scaled the fence（柵を乗り越えた）というのは、the door を通らずに the sheepfold の中に入ったということです。これは「キリスト教に入信することなしに（＝異教徒のままで）キリスト教を信じて暮らしている人たちの中に入った」ことを表しています。been allowed to mingle with the sheep は「羊たち（＝キリスト教を信じて暮らしている人たち）と交際することが許された」ということです（この mingle with は associate with の意味です）。ここで考えなければいけないのは「誰がそれを許したのか？」ということです。「God が許したのだ」と考える人もいると思います。この世の森羅万象（人間の判断・行動も含めて）は究極的には神の御心によるのでしょうから、絶対に間違いとは言いませんが、これでは事柄がはっきりしません。これは「the sheep（＝キリスト教を信じて暮らしている人たち）

が許した」のです。つまり、異教の地でキリスト教を信じて暮らしている人たちは、極度に排他的で一切異教徒とは交わらない、というのではなく、異教徒であっても神を熱望する少数の人たちには心を許して、教会のミサを見学させたり、家庭に呼んで交際したりすることがあるのです。なぜこういうことをするかといえば、1つには、彼らの行動が thoughts of sympathy を掻き立てるからです。また、同時に、彼らの中に改宗 (=キリスト教への入信) の可能性を見たからかもしれません。しかし、筆者は言います。「そういう少数の例外はあるが、だからといって、キリスト教を信じ the Christian way of life を守って暮らしている人たちの仲間に入るのは、キリスト教を信じるというルートからでなければいけないという義務は厳然としてあるのであり、それをまず守らなければならないという優先度が低下することはないのだ。」

¶3　What a revelation it is, if we look over the wide earth, to see man everywhere hastening on to a bourne where he thinks he will find happiness, and straining his human vision to the utmost to see that favoured region in which he hopes to rest for ever!

　この第3段落は相当の難物です。何を言っているのかさっぱりわからない人も多いのではないでしょうか。難攻不落のようですが、必ず弱点 (=正解に至る手がかり) はあるはずです。諦めずに、できる限り考えてみましょう。

　revelation は、多くの人が思いつくのは「啓示」という宗教的な意味です (なにせ、これは宗教に関する文章ですから)。辞書を引くと「啓示」は「神が人に真理を示すこと」と説明されています。この文

は、それが感嘆文で使われているので What a revelation it is ...! を「それは何という（素晴らしい）啓示であろうか！」と読み、したがって、...のところには「宗教的に素晴らしく良いこと」が書いてあるに違いないと思います。ところが、注意して読むと、不審な箇所がいくつかあることに気がつきます。

まず favoured です。that ... region in which he hopes to rest for ever は「その、彼が永遠に休息したいと希望するところ」という意味ですが、for ever（永遠に）と言っていますから死後のことで、この region は heaven（天国）です。that（その）と言っているのは、前に出ている a bourne where ... を指しているからです（したがって a bourne where ... も天国です）。ところで、これが「天国」だとすると、それに favoured がついていることが引っかかります。favour は「好む、えこひいきする」という意味の動詞ですから、favoured region は「えこひいきされているところ」という意味になります。えこひいきしているのは he すなわち「そこで永遠に休息したいと希望している人」です。何と比べて天国をえこひいきしているかというと、それは「現世、地上」です。したがって、that favoured region in which he hopes to rest for ever は「彼が永遠に休息したいと希望する、その、現世よりもご贔屓のところ」という意味です。ところで、人間は「天国」を贔屓したりしてよいのでしょうか？ 変な譬えですが、まるで人間が「旦那」で天国が「半玉（＝一人前になっていない芸者）」みたいではありませんか。

次に、「天国」を表している、もう1つのフレーズである a bourne where he thinks he will find happiness（幸せが見つかるだろうと彼が考えるところ）を読み直してみましょう（bourne は古語で a terminal point aimed at「最終目的地」という意味です。今の英語では goal とか destination と言います）。そもそも、このフレーズを最初に読んだときは a bourne を「天国」とは思いません。「地上のどこか」くらい

に思います。ですから「幸せが見つかるだろうと彼が考えるところ」と言われても「そういう場所は人それぞれ違うだろうから he thinks と言っているんだな」と考えて、特に違和感は覚えません。ところが、この後で that favoured region を読むと、that favoured「そのご贔屓の（ところ）」と言っていますから、これが a bourne where he thinks he will find happiness を指していることは疑いありません。そして、この that favoured region は in which he hopes to rest for ever から「天国」であることがわかりますので、結局 a bourne where he thinks he will find happiness も「天国」を指していることに確定するわけです。

 すると、おかしな点に気がつきます。それは、bourne に不定冠詞がついていて、節内に he thinks がある点です。これだと「その人が、そこへ行けば幸せが見つかるだろうと考えるところ」という意味になり、天国が人それぞれ違う可能性が出てきます。つまり、この表現は「彼が考える天国、彼なりの天国」という意味なのです。しかし、天国は人によって違うようなところではなく、「誰でもそこへ行けば幸せが見つかる（＝幸せに暮らせる）ところ」のはずです。ですから、he thinks など不要で、the bourne where he will find happiness（幸せが見つかる最終目的地）とすべきなのです（宗教的には happiness が見つかる場所は天国しかないのですから bourne につく冠詞は a ではなく the です）。

 そもそも「天国」は神の領域であって、人間が贔屓(ひいき)にしたり、憶測したりすることは許されないところです。もし人間が「天国」に行けたとしたら、それは「神から賜った恩恵」であって「人間の努力の結果」ではないのです。「天国」とはそういうところですから、「天国」に favoured だの、he thinks だのをつけることは、人間の思い上がりであり、不遜なことなのです。

 こう考えると hastening on to a bourne where ... のおかしさもわ

かってきます。これは、直訳すると「...のところを目指して急いでいる」となりますが、「天国を目指して急いでいる」では「早く死にたがっている」ようで不自然です。この hastening on は「(天国を目指して＝死んだ後で天国に行きたくて、現世で) 他人を押しのけて有利な立場に立とうと努力している」という意味です。天国は意識的に努力して行くようなところではありません。人間にできることは、selfless (無私) に徹して、ひたすら神にしたがって生きることだけです (よく「何事も神の思し召しのままに」と言うではありませんか)。もしそれを神が認めてくだされば恩寵として死後「天国」に行けるのであり、「生前から天国を目指して他人を押しのけて有利な立場に立とうと努力する」などということは、筆者のような聖職者からすれば言語道断「神をも恐れぬ仕業」なのです。このように hastening on という語からも筆者の批判的なニュアンスが伝わってきます。

何か目標を設定して、それを目指して努力することは世俗的には「勤勉」と評価され「誉められる行動」です。ところが、宗教的に見ると、必ずしもそうはならないのです。むしろ、罪になることさえあるのです。なぜなら、この努力の背後には「自分の意思・行動によって結果を左右できる」という発想 (⇒ 宗教的には「思い上がり」) が前提としてあり、ここが「自分の計らいを捨てて、すべてを絶対者 (キリスト教では「神」) に委ねる」という宗教の核心と相容れないからです。宗教的には、人間の努力は self-centeredness であるとして罪になる場合があるのです。

こういう目で見ると、straining his human vision to the utmost to see that favoured region も宗教的には好ましくないことがわかります。これは「天国を見るために、彼の持っている人間の想像力を極限まで働かせている」という意味です。人間は天国に憧れるあまり、天国のことをあれこれ想像して、言葉で表現したり、絵を描いてみたり、いろいろするのですが、本来「天国」は human vision などで

把握できるようなところではないのです。それをあえて想像しようとすること自体が、厳密に言うと、宗教的には「傲慢」と評価されるのです。事柄を表現するだけなら his vision と言えばすむところを、筆者がわざわざ his <u>human</u> vision と言っている点に注意すべきです。

改めて、最初に不審を感じた2つのフレーズ「幸せが見つかるだろう<u>と彼が考える</u>ところ」「彼が永遠に休息したいと希望する、<u>そのご贔屓の</u>ところ」に戻ってみましょう。この2つは確かに「天国」を意味しています。しかし、それは本当の「天国」ではなく「彼（＝人間）が勝手に『これが天国だろう』と考え、贔屓にしているところ」なのです（第2段落で出てきた heaven, as they understand it にならって言えば heaven, as he understands it あるいは heaven, as he favours it です）。こんな、自分勝手な「天国」を目指して人を押しのけたり、それを一生懸命想像したりすることは宗教（この場合はキリスト教）の本質とは全く無関係、いやむしろ本質に反することなのです。

以上のような次第ですから、この文の man everywhere ... は宗教的には「本当の信仰から懸け離れたこと」です。したがって「...を見ることは、何という（素晴らしい）啓示であろうか！」などと positive な感嘆文に読むことはできないのです。そこで、改めて revelation を辞書で調べると、*Chambers* は something which is known or seen, *esp* something which is not expected という語義を与え、次の例文を紹介しています。

It was quite a revelation to me to see the boss drunk at the party.
「ボスがパーティで酔っ払っているのを見ることは、私には全く意外だった」

この文は a revelation を quite で強調していますが、これをさらに強調すると感嘆文になります。

What a revelation it was to me to see the boss drunk at the party!
「ボスがパーティで酔っ払っているのを見るのは、私には何と意外なことであったことか」

感嘆形容詞をつけた What a revelation! は、予想もしないことを聞かされたときに発する慣用句としても使われます。「何て意外なことでしょう！⇒ それは初耳だ！」くらいの意味です。英和辞典には「revelation: 暴露されたこと、意外な新事実」などと出ています。

さて、本文の revelation はこの意味です。キリスト教の聖職者である筆者は「広い地球を見渡すと、あらゆるところで人間が…（＝本当の信仰から懸け離れたこと）をしているのが目に入る。これは何と意外なことであろうか！」と嘆いたのです。つまり、この文は「negative な感嘆文」なのです（あまりにも思いがけない結論で、以上の解説を読んでも、にわかに納得できない方もいらっしゃるかもしれません。しかし、こう読まなければ、この次の文（＝ The revulsion of …）はまったく意味が取れなくなります。逆に、こう読むと次の文の意味は明瞭にわかります）。内容がわかるように工夫して、文全体を和訳すると次のようになります。

　広い地球を見渡すと、あらゆるところで人間は、ここへ行けば幸せが見つかると自分なりに考えた「天国」を目指し他人を押しのけて有利な立場に立とうと努力している。また、そこで永遠の安らぎを得たいと希望するそのお気に入りの「天国」を心に思い描くために、人間の想像力

を極限まで働かせている。その様子を見ることは何と意外なことであろうか。

> The revulsion of some among the decadent Christians in Europe is a small item compared to the forward movement of the human race as a whole; and its diversity from the general tendency of religious thought declares its origin evil.

まず decadent が問題です。decadent は「堕落した、モラルが低下した」という意味ですが、これは具体的にどういうことなのでしょうか。この語だけからイメージを膨らませれば「酒色に耽り自堕落な生活を送るヨーロッパ人」を想像します。問題は、これで文意が通り、前後の文と論理的に整合するかです。もし整合しないのであれば、文脈を考えながら、真意を探らなければなりません。

答えを言うと、この decadent は直前の文の hastening..., and straining... を指しているのです。つまり「自分なりの『天国』を想定し、それを目指して他人を押しのけて有利な立場に立とうと努力したり、それを一生懸命想像したりしている状態」をキリスト教の聖職者である筆者は decadent と呼んだのです。つまり、この decadent は、道徳的堕落ではなく、「宗教的に堕落している」という意味なのです。すると some among the decadent Christians in Europe は「欧州の(宗教的に)堕落したキリスト教徒の中の一部(の人間)」という意味になります。

次に The revulsion of some を考えてみましょう。revulsion は「激しい反感、嫌悪」と「(意見・感情などの)激変、急変」という2つ

の意味があります。前者の意味では文脈はおろか文意も成立しません。ここは後者の意味です（*Chambers* は a sudden change of feeling, opinion etc. と定義しています）。すると「欧州の堕落したキリスト教徒の中の一部の人間の激変」となります。この revulsion（激変）は「これまでの堕落の非を悟り、真の信仰に目覚める」ことです。堕落が selfishness（自分本位）あるいは self-centeredness（自己中心）だとすると、真の信仰は selflessness（無私）あるいは self-surrender（自己放棄）です。

さて、筆者はその「激変」を is a small item compared to the forward movement of the human race as a whole「人類全体の the forward movement に比べれば、小さな事柄である（＝取るに足りない）」と言います。通常 a forward movement は「（空間的ないし時間的に）前方への動き」を表し「前進、進歩」という意味で使われます。したがって、まず the forward movement of the human race as a whole を「人類全体の前進・進歩」と考え、これに基づいて文意を探ろうとするのは普通の読み方であり、この態度自体は間違っていません。問題は、これで文意が通らないときにどうするかです。tradition、revelation のときもそうですが、最初に思いついた意味（「伝統」「啓示」forward の場合は「進歩、前進」）を柔軟に変えられるかどうかに力量が現れるのです。

欧州の堕落したキリスト教徒のうちの一部の者が、真の信仰に目覚めて考え方を改めることは「人類全体の進歩」に比べれば瑣末な事である。

これはどういう意味でしょうか？「一部の者が目覚めることは、人類全体がどんどん進歩している現状では物の数に入らない」という意味でしょうか。それとも「一部の者だけ目覚めても、人類全体

が進歩しなければ意味がない」でしょうか？　どうもはっきりしないという人は、ここは pending にしておいて、先に進んでみましょう（おそらく、この第3段落で、筆者は「通常 positive な印象を与える語、たとえば revelation や forward」を意図的に使い、そこから読者が無意識に抱く positive な想定を覆すことで読者に強い印象を与える書き方をしているのです）。

its diversity from 〜は「それが〜とは異なっていること」という意味です（it is diverse from 〜を名詞構文にしたものです）。its は the forward movement of the human race as a whole を指しています。そこで、its diversity from the general tendency of religious thought は「人類全体の the forward movement が宗教思想の一般的傾向とは異なっていること」という意味になります。ここで「あれっ？」となります。the forward movement が「進歩」であるなら、それが「宗教思想の一般的傾向と異なっている」ということは「宗教思想の一般的傾向」は「進歩」ではないということになります。

the general tendency of religious thought（宗教思想の一般的傾向）は「宗教思想について、様々な人、様々な本が、過去・現在を問わず、様々なことを言っているが、そこには一般的な（＝おおむね共通する）傾向がある」という意味です（*Chambers* は、この general を covering a large number of cases or examples と定義しています）。その「一般的な傾向（the general tendency）」が「人類全体の進歩」と異なるということは、宗教思想はおおむね人類全体の進歩に沿わない内容を持っていることになります。はたして筆者のような聖職者が「宗教思想の一般的傾向」をこのように negative に捉えるでしょうか？

　首を傾げながら先へ行ってみましょう。declares its origin evil は「それの根源が悪であることをはっきり示している」という意味で

す。ここまで来れば決定的です。its origin の its は the forward movement of the human race as a whole を指しています。したがって、筆者はここで「人類全体の the forward movement の根源は悪である」と断言しているのです。無神論者でニヒリストならともかく、筆者のようなパリパリの聖職者が「人類全体の進歩の根源は悪である」などと言うわけがありません。これでわかりました。the forward movement は「進歩」という positive な意味ではないのです。

そこで *Webster* 大辞典を引いてみると、*Webster* は forward に大きく6つの語義を与え、その2番目を次のように定義しています。

2 a: strongly inclined: ANXIOUS. EAGER, READY
b *archaic*: ARDENT, SPIRITED, ZEALOUS
c: tending to push oneself forward: lacking proper modesty and reserve: BRASH, BOLD, INDECOROUS

もうおわかりだと思いますが、本文の forward は「2 b」で zealous (熱心な) という意味です (*archaic* は「古語」という表示です)。日本語でも「彼はその運動に前向きだ」と言えば「積極的だ、熱心だ」という意味ですが、これと同じです。本文の the forward movement (前向きな行動) は the zealous activity (熱心な行動) という意味です。それでは、その「人類全体の熱心な行動」とは何でしょうか？ これまでたどってきた検討を逆に戻ってみましょう。

「この行動の根源は悪である」と言っていますから、「宗教的に望ましくない行動」です。そして、その行動 (= 人類全体の熱心な行動) は「宗教思想の一般的傾向」と異なっているのです。そこで「宗教思想の一般的傾向」は「宗教的に望ましい傾向」です。これは、ズバリ言うと、ここまでの筆者の論旨から考えて「selflessness (無私)

あるいはself-surrender（自己放棄）を信仰の核心とする傾向」です（信仰の核心がself-surrender「自己放棄」であることは、筆者の指摘を俟つまでもなく、宗教思想の常識です）。すると「人類全体の熱心な行動」はselflessness（無私）、あるいはself-surrender（自己放棄）とは異なる行動です。

　ここまで、さかのぼると、もう答えは見えてきました。一般的に言って、selflessness（無私）あるいはself-surrender（自己放棄）とは異なる行動は「selfishness（自分本位）あるいはself-centeredness（自己中心）」であり、それは具体的に言うと、直前の文においてhastening..., and straining...と表現されている行動です。人間は世界のいたるところで、このhastening..., and straining...にせっせと励んでいるのです（hasteningもstrainingもzealを感じさせる語ですし、第2段落にはzealあるいはeffortsという語が使われています）。この「せっせと励んで」がforward（＝前向きな＝熱心な）なのです。

　えんえんと説明してきましたが、要するにthe forward movementは直前のdecadentを指しており、その具体的な中身はhastening..., and straining...なのです。くどいですが「the forward movement of the human race as a whole＝人類全体の熱心な行動＝人類全体がせっせと堕落の道を歩んでいること」なのです。「その根源が悪である（its origin evil）」というのは「そのような行動をとる元になっている考え方（＝自我の働きによって天国に行けるという考え方）が宗教的に悪だ」ということです。すべてわかったところで、最後の文の論旨を簡単にまとめると、次のようになります。

欧州の一部のキリスト教徒が正しい宗教観に目覚めても、それは、人類全体がせっせと堕落の道を歩んでいる現状では取るに足りない。そして、この人類全体の行動（＝self-centeredness）は真の信仰（＝self-surrender）とは異なっており、それが、この行動の根源的動機

が悪であることをはっきり示している。

それでは、and の前後をつなげて訳してみましょう。

> 欧州の堕落したキリスト教徒の中には、この堕落の非を悟り真の信仰に目覚める者もいる。だが、その気づきなど人類全体が熱中している行動に比べれば、取るに足りない。そして、この行動が宗教思想の一般的傾向と異なっていることは、この行動の根源が悪であることをはっきり示しているのである。

もうずいぶん説明が長くなりましたが、最後に、この Preface を構成する3つの段落の論理関係について一言しましょう。これは簡単です。筆者はこの Preface において「一般の人が抱いている3つの幻想を打ち砕いた」のです。要点を英語で書くと次のようになります。

¶1　The author shatters the illusion of wisdom in Eastern religions.
¶2　The author shatters the illusion of there being many paths to God.
¶3　The author shatters the illusion of the "positive progress" of mankind.

【試 訳】
¶1　この小説には東洋の宗教の信者が登場するのであるが、これらの

宗教を過大評価してはならない。これらは信仰と倫理の異教的形態にすぎないものと捉えるべきである。なしうる限り最も高く評価しても、古代哲学の最良のものとかろうじて肩を並べる程度のものである。東洋の宗教において珠玉の輝きを放つ要素は、明らかにそれに独自のものではなく、また、これらの宗教が反映する偉大な伝説には1つの共通の起源があり、どの1つの宗教もその起源に対して特別な権利を主張することはできない。

¶2　これらの宗教の信者たちが自分の宗教の規範にしたがって行動するその熱意、彼らが理解する彼らなりの天国を手に入れるために払う努力、これらは我々の中に同情の念を掻き立てずにはおかない。しかし、彼らが彼らの宗教においてどんなに懸命な努力をしてみても、それによって真の信仰が1つであることはいささかも揺るがない。また、度し難いほど無知で、それでいて神を熱望する彼ら少数の者が羊の囲いの柵を越えて中に入り、羊たちと交わることを許されたからといって、羊の囲いには門から入らなければならないという義務の優先性が緩和されるものでもない。

¶3　広い地球を見渡すと、あらゆるところで人間は、ここへ行けば幸せが見つかると自分なりに考えた「天国」を目指し他人を押しのけて有利な立場に立とうと努力している。また、そこで永遠の安らぎを得たいと希望するそのお気に入りの「天国」を心に思い描くために、人間の想像力を極限まで働かせている。その様子を見ることは何と意外なことであろうか。欧州の堕落したキリスト教徒の中には、この堕落の非を悟り真の信仰に目覚める者もいる。だが、その気づきなど人類全体が熱中している行動に比べれば、取るに足りない。そして、この行動が宗教思想の一般的傾向と異なっていることは、この行動の根源が悪であることをはっきり示しているのである。

Part 2
Newsweekを読む

1

The Cancer Killer

　第17番染色体短腕上に存在するp53と呼ばれる遺伝子は1982年に初めて分離され、当初は発ガン遺伝子と見られていました。ところが、1989年、当初発ガン遺伝子と見られたp53は変異型であることがわかり、正常なp53は逆にガン抑制遺伝子であることが発見されました。

　放射線や化学物質など、何らかの原因で細胞が傷つけられ、ガン化の危険が迫ると、細胞内においてp53遺伝子が作り出すp53タンパク質が活性化されます。p53タンパク質はある特定のDNA配列に結合し、近くの遺伝子に働きかけて、その細胞の増殖を抑制するタンパク質を生産させます。ところが、p53遺伝子が突然変異によって正常に機能しなくなると、傷ついた細胞はコントロールを失って無制限な分裂を始めるのです。これが成長するとガンになるわけです。

　現在p53遺伝子の突然変異型は52種類以上のガンに関係していることがわかっています。正常なp53遺伝子は、DNAが修復不可能な損傷を受けた場合、細胞の自殺であるアポトーシスを誘導する働きをすることから「ゲノムの守護者(The Guardian of the genome)」と呼ばれています。

　次の英文はp53遺伝子についての研究を紹介した *The Cancer Killer* と題する Newsweek の Cover Story の一節です。

問1 下線部①を和訳しなさい。
問2 下線部②を和訳しなさい。
問3 下線部③はどういうことか、forgiving の意味を明らかにして、説明しなさい。
問4 下線部④を和訳しなさい。
問5 下線部⑤を内容がわかるように意訳しなさい。
問6 下線部⑥はどういうことか、four の中身を明らかにして、説明しなさい。

¶1　Today there are more than 5,200 published studies on p53, and biologists are convinced that p53 is bound for even greater glory. "What I like so much about p53 is that it predicts ways to treat cancer," says Princeton's Levine. "For the first time, we can honestly translate from the lab to the clinic."

¶2　P53 acts as the cell's director of damage control. A healthy cell, usually, keeps a small number of p53 proteins around, continuously degrading them and replenishing the supply. But if something — ionizing radiation, a chemical carcinogen, chemotherapy drugs — damages a cell's DNA in a way that threatens to set it on the path to cancer, the cell switches into high alert. If everything is working right, something signals the p53 to stop degrading "and tells it that it's time to be active," says molecular biologist Carol Prives of Columbia University. The p53 supply builds up. P53 starts acting like an office clerk who, discovering a typo in an original document that is about to be copied, turns off the copier until he can fix the typo. P53 turns off the cell's copying machinery until the cell can repair its damaged DNA. To do this, p53 floats toward the cell's genes. It slips into a specific stretch of DNA. There, it triggers expression of genes nearby. These genes make proteins that directly inhibit growth of the cell. ①The tumor-to-be is stopped dead. Sometimes, though, p53 acts more like the clerk so disgusted with the many typos that he just trashes the document: p53 activates the cell's suicide software.

¶ 3 ②Except when it doesn't. Even good genes can go bad, and the gene that makes p53 has several ways of failing. Those failures account, directly or indirectly, for an estimated 60 percent of human cancers, including those of the breast, lung, liver, skin, prostate, bladder, cervix and colon. Most often, the p53 gene goes bad by undergoing a mutation, typically a spelling mistake. One of the 2,362 chemical "letters" (designated A, T, G and C) that make up the p53 gene changes into another letter. When the p53 gene contains such a spelling mistake, the p53 protein that the gene makes is garbled, too. And ③proteins are not very forgiving of errors. A single wrong letter in a crucial part of the p53 gene produces a protein with a wrong molecule; ④the protein is now no more able to suppress tumors than a cork is to cap a volcano.

¶ 4 If the sperm or egg from which a baby grew held a mutant p53, then every single cell of the 30 trillion in her body will also harbor a mutant copy. In theory, inheriting only one mutant p53 gene, from one parent, should not be a problem as long as the child inherits a healthy p53 gene from the other parent. The healthy copy should make enough p53 to keep tumors at bay. But p53 doesn't work that way. First of all, ⑤each cell with one bad p53 gene is only "one mutation away from completely lacking the function of this critical gene," explains p53 researcher Tyler Jacks of HHMI and the Massachusetts Institute of Technology. That mutation can occur when the cell — in the liver, lungs or any other organ — makes a spelling mistake as it copies its genes before dividing into two cells. Then the cell has lost its primary defense against cancer.

¶ 5 But even a cell whose healthy p53 gene stays that way can be in trouble. The p53 proteins made by the genes, both good and bad, get together ⑥in groups of four to form a sinuous complex that looks like ribbon on a Christmas present. If the mutant gene is churning out mutant proteins, then each four-ribbon tangle likely has a mutant among its strands. That is enough to keep the p53 ribbon from binding to DNA and halting tumor growth.

¶ 6 Most p53 mutations, though, are not inherited. Instead, they arise from a copying error or an attack by a carcinogen. Bulky chemicals, such as the benzopyrene in cigarette smoke, change G to T and C to A, for instance. A single mutant gene is enough to leave a cell with no healthy, tumor-quashing p53. And just one out-of-control

Part 2 ● Newsweekの科学記事を読む ● 1

cell can give rise to a deadly tumor.

Newsweek — January 13, 1997

【語注】
protein: タンパク質　degrade: 減成する　replenish: 補給する
radiation: 放射線　carcinogen: 発ガン物質　chemotherapy: 化学療法
molecular: 分子の　typo:typographical error 誤植　gene: 遺伝子
trigger: 引き金を引く　expression: 発現　disgusted: うんざりした
trash: 捨てる　prostate: 前立腺　bladder: 膀胱　cervix: 子宮頚部
colon: 結腸　mutation: 突然変異　designate: 名づける
garble: ゆがめる　forgive: 許す　cork: コルク　volcano: 火山
sperm: 精子　mutant: 突然変異の　trillion: 兆　harbor: 持っている
inherit: 受け継ぐ　tumor: 腫瘍　HHMI: メリーランド州に本部がある
Howard Hughes Medical Institute (ハワード・ヒューズ医療研究所)
sinuous: 湾曲した　churn out: 粗製濫造する　tangle: からまり
strand: 構成要素　halt: 停止させる　bulky: かさ高い
benzopyrene: ベンゾピレン　quash: 鎮圧する

¶ 1　Today there are more than 5,200 published studies on p53, and biologists are convinced that p53 is bound for even greater glory. "What I like so much about p53 is that it predicts ways to treat cancer," says Princeton's Levine. "For the first time, we can honestly translate from the lab to the clinic."

今日では、p53に関して5200例を超える研究が発表されており、

生物学者たちはp53にはさらに大きな成果が期待できると確信している。「p53について私が素晴らしいと思うことは、これがガンの治療法を指し示しているという点です」とプリンストン大学のレバインは言う。「我々は初めて本当に実験室から臨床の場に研究の成果を移せるのです。」

¶ 2　**P53 acts as the cell's director of damage control. A healthy cell, usually, keeps a small number of p53 proteins around, continuously degrading them and replenishing the supply.**

p53遺伝子は細胞の障害を制御する監督者として働く。正常な細胞には、通常、少量のp53タンパク質が存在し、絶えずそれが分解すると同時に新たに補給されている。

P53

p53のpはタンパク質（protein）のpで、53は分子量53,000を意味しています。したがってp53は本来はタンパク質の名称ですが、p53を生産する遺伝子もp53と呼ぶようになっています。この両者を区別するときはp53 protein（p53タンパク質）とp53 gene（p53遺伝子）という語を用います。このNewsweekの記事にもp53 proteinとp53 geneが出てきます。しかし、p53だけで出てくることも多く、その場合、ある箇所ではタンパク質、別の箇所では遺伝子を表

しているので、読み取る際には注意が必要です。

> But if something — ionizing radiation, a chemical carcinogen, chemotherapy drugs — damages a cell's DNA in a way that threatens to set it on the path to cancer, the cell switches into high alert.

ところが、電離性放射線、発ガン性化学物質、化学療法の薬品などの何かが細胞中のDNAを傷つけ、しかもその傷つけ方が細胞をガン化させかねない様態だった場合には、その細胞は厳戒態勢に移行する。

ionizing radiation

ionizeという動詞は自動詞の場合と他動詞の場合の両方があります。自動詞（もっと正確に言うと、完全自動詞（＝S＋Vという第1文型を作る動詞））の場合は「主語がイオン化する＝主語自らがイオンになる」という意味で、他動詞（もっと正確に言うと、完全他動詞（＝S＋V＋Oという第3文型を作る動詞））の場合は「主語が目的語をイオン化する＝主語が目的語をイオンにする」という意味です。

ionizing radiationのionizingは完全他動詞のing形です。ところが、このionizingには目的語がついていません（radiationはionizingの目的語ではなく、ionizingによって修飾される被修飾語です）。このように完全他動詞のing形が目的語を伴わずに形容詞の働きをする場合は「意味上の目的語を〜するような性質を持っている」という

意味を表します。ここで「意味上の目的語」と言っているのは「意味から推測して目的語に相当する名詞」を指します。これは前後関係から読み手が推測して補うのです。

たとえば、interest という動詞は「(人に)興味をいだかせる」という意味の完全他動詞で、「興味をいだく」という自動詞の意味はありません。したがって an interesting book と言った場合は「誰か(＝意味上の目的語である人)に興味をいだかせるような性質を持っている本」という意味になります。ところで「誰か(＝意味上の目的語である人)」は、内容から考えて、特別な事情がない限り「読者」です。そこで、結局 an interesting book は「読者に興味をいだかせるような性質を持っている本」という意味になります。通常は、これを簡単に「面白い本」と意訳するのです。

同様に ionizing radiation の ionizing は「何か(＝意味上の目的語)をイオン化するような性質を持っている放射線」という意味になります。化学の本を調べると、イオンとは「原子あるいは分子が、電子を授受することによって電荷を持ったもの」と定義され、電離とは「原子が電磁波や熱によって、電子を放出してイオンになること」と説明されています。そして、放射線は「一般的には電離性を有する高いエネルギーを持った電磁波や粒子線のことを指すが、広義では電離性を持たない低いエネルギーの放射線も意味する」となっています。

広義の radiation (放射線) には電離性 (＝何かを電離させる性質) でないものも含むので、ionizing という形容詞 (正確には現在分詞形容詞用法) は限定的修飾要素 (ionizing によって radiation の範囲が狭められている) ということになります。さらに一歩を進めて、この文章での「意味上の目的語」を具体的に考えてみると「細胞中の水の分子」が意味上の目的語に該当するようです。調べてみると、「放射線が細胞中の水の分子に当たって、分子をイオン化する。すると、できた

イオンは反応性が高く、細胞内で化学的な反応を引き起こし、その結果、細胞の正常な動作（たとえば、遺伝子の修復、細胞分裂時のDNA複製など）を妨げ、疾病の原因となる」というように説明されています。

If everything is working right, something signals the p53 to stop degrading "and tells it that it's time to be active," says molecular biologist Carol Prives of Columbia University. The p53 supply builds up. P53 starts acting like an office clerk who, discovering a typo in an original document that is about to be copied, turns off the copier until he can fix the typo.

そのとき、すべてが正常に機能していれば、何かが p53 遺伝子に指令を送り、p53 タンパク質の分解を止めさせる。「そして、p53 遺伝子に、活動するときがきたと命じるのです」とコロンビア大学の分子生物学者キャロル・プライブズは言う。すると、p53 タンパク質の供給量が増大する。コピーしようとしている文書に誤植を見つけた事務員は、誤植を直すまでコピー機のスイッチを切る。それと同じような行動をp53 タンパク質がとり始める。

P53 turns off the cell's copying machinery until the cell can repair its damaged DNA. To do this, p53 floats toward the cell's genes. It slips into a specific stretch of

DNA. There, it triggers expression of genes nearby. These genes make proteins that directly inhibit growth of the cell.

傷ついた DNA を細胞が修復できるまで、細胞の複製機能を p53 タンパク質がストップさせるのである。これを行うために、p53 タンパク質はその細胞の遺伝子のところに移動し、ある特定の DNA 配列に入り込む。そこで、その p53 タンパク質は近くにある遺伝子の発現スイッチを入れる。すると、これらの遺伝子はその細胞の増殖を直接阻止するタンパク質を生産する。

expression of genes（遺伝子の発現）とは、遺伝子の情報が細胞の構造ないし機能に具体的に現われる過程を表す言葉で、通常は、遺伝情報に基づいてタンパク質が合成されることを指しています。

① **The tumor-to-be is stopped dead.**

「名詞 -to-be」は「未来の名詞、将来名詞になる可能性があるもの」という意味です。したがって、tumor-to-be は「将来ガンになる可能性がある細胞」を表します。

さて、この文の読み取りは、多くの人にとって、論理的にものを考える格好の練習になります。皆さんの中に、この文を「この将来ガンになる可能性がある細胞は成長を止められて死滅する」と読んだ人はいないでしょうか？ この読み方は間違いです。ところで、こ

こで正解を言うのは簡単です。しかし、どうしたら自分の力で間違いに気がついて、それを直せるか、というメカニズムの方がたんに正解を知ることよりずっと大事です。そこで、少し長くなりますが、この角度から解説してみましょう。

stop は「止める」という意味で、dead は「死んでいる」という意味です。そこで、多くの人は、これを組み合わせて「この将来ガンになる可能性がある細胞は（成長を）止められて、死んでいる ⇒ 死滅する」と読みます。しかし、これでは交通ルールも知らずに車を運転する（＝暴走させる）人と同じで、早晩事故は免れません（＝すぐに読み間違いをしてしまいます）。自分の運転の仕方（＝読み方）が交通ルールに違反していないか（＝英語の決まりを破っていないか）を常に意識することが必要です。

形容詞の働き

dead「死んでいる」の品詞は形容詞です。形容詞は「名詞修飾」か「補語」のどちらかで使うのが英語の原則的決まりです（この使い方のことを語の「働き」といいます）。この dead が名詞修飾で使われているとすれば、その名詞は tumor-to-be しかありえません（文中に他の名詞はありませんから）。しかし、dead が tumor-to-be を修飾するのであれば the dead tumor-to-be になるはずです。また、the dead tumor-to-be は「（すでに）死んでいる将来ガンになる可能性がある細胞」という意味で、「The tumor-to-be は（成長を）止められて、死んでいる ⇒ 死滅する」という先ほどの読み方にはなりません。すると、dead は名詞修飾ではないことになり、補語だということになります。

ところで補語（記号でCと表示します。Complement の頭文字です）はS＋V＋Cの第2文型かS＋V＋O＋Cの第5文型にしか出てきません。第2文型は受身にできませんから（受身にできるのは目的語が

出てくる文型、すなわち第3文型、第4文型、第5文型の3つだけです)、The tumor-to-be is stopped dead. という受身の文は第5文型の受身と考えなければなりません。そこで問題になるのは、stopという動詞は第5文型を作れるのだろうか、ということです。そこで、早速辞書で調べることになります(辞書というのは、多くの場合、このタイミングでこのように使うのです)。ところが、辞書をいくら調べても stop が第5文型を作るという情報は見つかりません。stop は第1文型か第3文型のどちらかしか作らない動詞で、第5文型を作る用法はないのです。辞書で確認できないのに、勝手に stop を不完全他動詞(=第5文型を作る動詞)として使うことはできません(これが暴走しない、つまり英語の決まりに従うということです)。

英語を文法的に捉えられる人は、大体、ここで1つの結論に達します。すなわち「dead を形容詞と捉えると、この英文は文法的に説明がつかない、すなわち誤文になってしまう。この英文が正しいとするなら、dead は形容詞ではないのではないか」と考えるのです。

dead が形容詞でないとしたら

形容詞でないとするなら、何でしょうか? それは副詞です。先ほど stop を調べたとき、stop は第1文型か第3文型のどちらかしか作らない動詞であることを確認しました(文法用語でいうと完全自動詞か完全他動詞です)。すると、この文は第3文型の受身ということになります。第3文型の受身は「主語+be助動詞+完全他動詞の過去分詞形(この文の場合は The tumor-to-be is stopped)」で英文の構造は完結し、この後に続く語・句・節はすべて副詞的修飾要素です。ですから「dead は副詞であろう」という推定が成り立つ(というよりも、そう推定せざるをえない)のです。

5文型は無用の長物？

5文型は、いま上で使ったように、英語を読むとき（書くとき、話すときはもちろんです）、ルール違反をしないように頭をコントロールする重要な tool なのです（辞書には頭をコントロールする情報が詳細に出ているのですが、それらは5文型や品詞の形で提示されているのです）。この tool を使えないと（＝5文型の存在を知っているだけで、使い方を知らないと）、辞書を本当に使いこなすことができません。辞書というのは、単語の意味を調べるだけなく、自分の読み方（特に英文構造の捉え方）が正しいことを確認したり、間違いに気がついたり、間違いを訂正したり、といった用途に使うのですが、そのためには品詞と5文型の理解が必要なのです。

私は、以前、昔から立派な英語の辞書を出版している某出版社から新刊企画の打診を受けたとき「本当の意味で辞書を使いこなせる人が少ないので、『英和辞典の使い方を例文で練習する』ような本を書いたら役に立つと思う」と提案したことがあります。この企画はとりもなおさず「英文を読むとき品詞と5文型をどう使うのかを例文で練習する本」ということだったのですが、理解してもらえず「辞書なんてアルファベットを知っていれば誰でも引けるでしょう」と一蹴されて、あえなくボツになったことがありました。本当は、辞書を使いこなすには品詞と5文型についての相当の理解が必要なのです。これをわかっている人が少ないのは残念なことです。

dead は準補語？

本文に戻りましょう。dead を副詞にすれば、この英文は文法的に説明がつきます。そこで、今度は dead の副詞のところを調べるのです。いったい dead に副詞があるのだろうか？ そのとき、どんな意味なのだろうか？ これを辞書に尋ねるのです（辞書というのはこ

のように使うのです)。すると、dead に副詞が出ています。その場合の意味は...　さて、これで、自分の力で、読み間違いに気がつき、正解にたどりついたことになります。

　ところが、中には相当に文法を勉強していて、dead＝形容詞で(つまり、先ほどの意味の取り方で)この文の文法的説明をつけられる人がいます(先ほど私が「英語を文法的に捉えられる人は、大体、ここで1つの結論に達します」と少しあいまいな書き方をしたのは、こういう人がいるからです)。この人は次のように考えるのです。

　この英文は The tumor-to-be is stopped.「将来ガンになる可能性がある細胞(の成長)が阻止される」という第3文型の受身(＝第3文型が受身になった文)と The tumor-to-be is dead.「将来ガンになる可能性がある細胞は死んでいる」という第2文型の文を1つに合成した文である。その結果、この文は1文で「将来ガンになる可能性がある細胞の成長が阻止され、その時点で、その細胞は死ぬ」という意味を表すことになる。

　この考え方は文法的に成立します。英語では、「第1文型」「第3文型」ないしは「第3文型の受身」と「be 動詞を用いた第2文型」を合成して1つの文にする、ということが、無制限ではないにしても、比較的自在に行われます。たとえば、He died. という第1文型の文と He was a student. という第2文型の文を合成して He died a student. という文を作れます。この文を「彼は1人の学生を殺した」などと読む人がいますが、とんでもないことで、「彼は死んだが、そのときまだ学生だった ⇒ 彼は学生として死んだ」という意味です(「彼は1人の学生を殺した」なら He killed a student. です)。この場合 a student の働きは「準補語」とか「擬似補語」と呼ばれます(cf. p. 43, 53, 91, 130)。

もう1つ例をあげましょう。He was beaten. という第3文型の受身の文と He was unconscious. という第2文型の文を合成して He was beaten unconscious.「彼は殴打されて気を失った」という文を作れます。a student は He died. と同時の状態を表す準補語ですが、unconscious は He was beaten. の結果生じた状態を表す準補語です。

本文を He was beaten unconscious. と同じ書き方の文と捉えて、dead の働きを「(S+V の結果生じた状態を表す) 準補語」と考えれば、dead は形容詞のままでよく、意味はまさしく「この将来ガンになる可能性がある細胞は成長を止められ、その結果死んだ状態になる ⇒ 死滅する」となるわけです。私は初めに「この読み方は間違いです」と断定しましたが、実は英文法的にはこの読み方は可能なのです。

文脈が通らない

それでは、どうしてこの読み方が間違いだとわかるのでしょうか？ それは内容が論理的に整合しない (＝文脈が通らない) からです。それは、この時点 (＝この文を読んだ時点) でもわからなくはないのですが、はっきり気がつく (＝この読み方ではおかしいと感づく) のは、この後を読んだときなのです。この後、英文は次のように続きます。

Sometimes, though, p53 acts more like the clerk so disgusted with the many typos that he just trashes the document: p53 activates the cell's suicide software.

しかし、誤植の多さにうんざりした事務員は、訂正を諦めて、その文書を廃棄する。p53 遺伝子も、この事務員に似た働きをすることもある。p53 遺伝子が細胞の自殺プログラムを発動させるのである。

この一節を極度に圧縮すると「しかし、p53 遺伝子は細胞を死滅させることもある」となります。だとすると、この一節の前に「p53 遺伝子が細胞を死滅させる」と書いてあったら論理的に矛盾する（= though の前後が逆接関係にならない = though をなぜ使っているのか説明がつかない）ことになります。このことが読み方の誤りに気がつかせてくれるのです。「あれ！ 変だな」と思って、もう一度前を読み返してみると、前の部分では、文書を廃棄するとは言っていません。むしろ「誤植の訂正をする、それまでコピー機を止めておく」と言っているのです。その先どうするかは明示されていませんが、当然、誤植を直したら、再びコピー機のスイッチを入れて複写作業を再開するのでしょう。これを p53 に引き写せば「p53 遺伝子は細胞分裂をストップさせ、傷ついた DNA を修復する」となるはずです。つまり、この段階では細胞は、分裂が停止しただけで、まだ死んでいないのです。この内容に合わせて The tumor-to-be is stopped dead. を読むためには「dead = 死んでいる = 形容詞」ではとうてい無理です。このような思考過程を経て「おそらく、この dead は形容詞ではなくて副詞だ。そして、意味は『死』とは無関係な別の意味だろう」という推測が頭に浮かび、それを確かめるために辞書を引くのです。

正解は

　dead の副詞のところには「完全に、全く、突然、ぴたりと」という意味が出ています。さらに stop dead（ぴたりと止まる、やめる） stop 〜 dead（〜をぴたりと止める、やめさせる）という用例まで挙げている辞書もあります。これで文法的にも内容的にも完璧に整合しました。この文は「（これによって）将来ガンになる可能性がある細胞はピタッと分裂を止められる ⇒ 将来ガンになる可能性がある細胞はピタッと分裂が停止する」と読むのが正解です。

Sometimes, though, p53 acts more like the clerk so disgusted with the many typos that he just trashes the document: p53 activates the cell's suicide software.

しかし、誤植の多さにうんざりした事務員は、訂正を諦めて、その文書を廃棄する。p53 遺伝子も、この事務員に似た働きをすることもある。p53 遺伝子が細胞の自殺プログラムを発動させるのである。

disgusted はもともとは disgust（嫌にさせる、うんざりさせる）という動詞の過去分詞を形容詞用法で使ったものです。ただし、辞書には disgusted で「嫌になった、うんざりした」という意味の形容詞として挙げられていますから、もはや純粋な形容詞と考えて差し支えありません。disgusted は the clerk を修飾しています。disgusted の前の so は so ～ that S+V の so で「それほど」という意味の副詞です。「S が V するほど、それほどうんざりした事務員」という意味になります。ところで、これで2種類の事務員が登場したことになります。「コピー機を止めて、誤植を訂正する事務員」と「誤植だらけの文書を丸ごと廃棄する事務員」です。P53 遺伝子は基本的に前者の事務員のように働きますが、時には、後者の事務員により似た働きをすることがあります。これが、like the clerk の前に more がついている理由です。つまり「前に出した the clerk より、今度の the clerk の方に、より（= more）似た（= like）行動をとる（= acts）」という意味です。

②__Except when it doesn't.__

　exceptという前置詞は、普通の前置詞と異なり、副詞要素を目的語にすることができます。つまり「except+副詞要素（副詞要素以外で）」という形で使えるのです。たとえば、I can take my holidays at any time except in April.（私は4月以外はいつでも休暇を取れる）のような具合です。そこで、従属接続詞のwhenが作る副詞節をexceptの目的語にすると、次のような文を作れます。I like him except when he's angry.（私は、彼が怒っているとき以外は、彼が好きです）この文は、前から読んで「私は（基本的に）彼が好きだ。ただし、彼が怒っているときは別だが」というように意味をとることができます。これからわかるように、except when S+Vは、直訳すると「SがVするとき以外は」ですが、「ただし、SがVするときは別だが」というように意味をとることもできるわけです。

　なお、余談ですが、except when S+VのS+Vが肯定文のときは、except when S+Vをunless S+V（SがVしない限り）に変えることができます。たとえば、今の例文は、I like him unless he's angry.（私は、彼が怒っていない限り、彼が好きだ）としても同じ意味です。

▍Except when it doesn't V.

　さて、以上のような次第ですから、本文のExcept when it doesn't.は、doesn'tの次に何か動詞を補うと（仮にVとします）「ただし、それ（＝p53タンパク質）がVしないときは別だが」という意味になります。この枠組みでVの内容を考えると、V（＝doesn'tの次に省略されている動詞）はact in that way（そのように機能する）と

か act normally（正常に機能する）などが考えられます。すると、本文は「ただし、p53 タンパク質がそのように機能しない場合は、話は別だ」あるいは「ただし、p53 タンパク質が正常に機能しない場合は、話は別だ」という意味になります。もちろん、この「話は別だ」というのは「将来ガンになる可能性がある細胞の分裂が停止したり、あるいは、その細胞の自殺プログラムが発動したりすることが起こらない＝将来ガンになる可能性がある細胞が無制限に分裂を始める」ということです。くどいですが、この文は、次のように書くと、より意味が鮮明になります。But when it doesn't, the tumor-to-be grows uncontrollably.（しかし、このたんぱく質がそのように機能しないときは、将来ガンになる可能性がある細胞は無制限に増殖してしまう）

Even good genes can go bad, and the gene that makes p53 has several ways of failing. Those failures account, directly or indirectly, for an estimated 60 percent of human cancers, including those of the breast, lung, liver, skin, prostate, bladder, cervix and colon.

正常な遺伝子でも壊れることはある。p53 タンパク質を生産する遺伝子も故障する場合がいくつかあり、人間のガンの約 60％は、直接的あるいは間接的に、p53 遺伝子の故障が原因であると推定されている。それには、乳ガン、肺ガン、肝臓ガン、皮膚ガン、前立腺ガン、膀胱ガン、子宮頚ガン、結腸ガンなどが含まれる。

The Cancer Killer

Most often, the p53 gene goes bad by undergoing a mutation, typically a spelling mistake. One of the 2,362 chemical "letters" (designated A, T, G and C) that make up the p53 gene changes into another letter.

最も多いのは、突然変異によって p53 遺伝子が機能しなくなるケースである。突然変異の典型は遺伝情報の複写ミスだ。p53 遺伝子を構成している 2362 個の化学的な文字（これらは A、T、G、C と表示される）のうち 1 文字が間違って別の文字になるのである。

that は make up の主語になっている関係代名詞で、先行詞は letters です。designate には designate A as B ないし designate A B で「A を B と名づける、A を B と呼ぶ」という意味を表す用法があります。この用法は第 5 文型で、各語の働きを文法用語で表せば designate は不完全他動詞、A は目的語、B は補語となります。そこで、これを使って designate the 2,362 chemical letters A, T, G and C（2362 個の化学的文字を A、T、G、C と呼ぶ）という英語を作れます。これを受身にすると The 2,362 chemical letters are designated A, T, G and C.（2362 個の化学的文字は A、T、G、C と呼ばれる）となります。are designated は不完全他動詞の受身形（are は受身を作る助動詞で、designated は動詞の過去分詞形です）、A, T, G and C は補語です。

designated は過去分詞形ですので、助動詞の are を削除すると、過去分詞形容詞用法または分詞構文のどちらかになります（動詞の過

去分詞形を、助動詞をつけずに単独で使ったときは、必ず過去分詞形容詞用法か分詞構文のどちらかになります。cf. p.53)。過去分詞形容詞用法として使って、直前の the 2,362 chemical letters にかけると（＝修飾させると）、the 2,362 chemical letters designated A, T, G and C（A、T、G、C と呼ばれる 2362 個の化学的文字）という表現が出来上がります。これの designated A, T, G and C の部分を挿入語句として扱うためにカッコに入れたのが本文です。なお、A、T、G、C は DNA を構成する 4 つの核酸塩基の記号で、A は Adenine（アデニン）、T は Tymine（チミン）、G は Guanine（グアニン）、C は Cytosine（シトシン）の頭文字です。

英語を正確に読む力

ところで「英語を正確に読む力」を身につけたいと思っている方には、上の分析は 1 つの参考になると思います。そこで、"letters"（designated A, T, G and C）の部分に焦点を絞って「語と語との相互関係」（これを「語の働き」といいます）をもう一度確認してみましょう。次のようになります。

☞ "letters" と designated の関係
designated は過去分詞形容詞用法で、"letters" を修飾している。

☞ designated と A, T, G and C の関係
designated は不完全他動詞の受身形で、A, T, G and C は designated の補語

---

designated は前の "letters" に対しては形容詞の顔を持ち「名詞修

飾」の働きをしています。ところが、後の A, T, G and C に対しては動詞の顔を持ち「不完全他動詞の受身形」の働きをしています。このように、動詞でありながら、同時に他の品詞（名詞か形容詞か副詞）の働きをするものを「準動詞」といいます。準動詞は、designated のような「過去分詞形容詞用法」以外にも、「不定詞」や「動名詞」や「分詞構文」などいろいろあります。

　英文を正確に読むためには、ここで示した「語と語の相互関係（＝語の働き）」を把握することがまず前提です。この相互関係の世界は厳密なルールでコントロールされているので、この世界で英文を捉えられる人（＝英文の背後に「語の働き」を透かし見ることができる人）は、このルールで自分を縛ることができ、その結果、英文構造の読み間違いをしないし、また、自分の読み方に自信を持てるのです（なぜ自信を持てるかというと、自分で自分の読み方を客観的なルールで裏づけることができるからです）。

　英文の内容を考える（＝英文の真意をつかむ）ということは、とりもなおさず「事柄（＝事実関係）」と「その事柄を通して筆者が何をイイタイのか」を正確に認識することです。そのためには、先に英文の構造（＝語と語の相互関係）が確定している必要があります。そうでないと、この2点に焦点を絞って考え抜けないのです。なぜなら、この2点（＝内容）をいくら精密に検討しても、後で「語と語の相互関係」の把握（＝構文の読み取り）が間違っていたとなると、その検討はすべてご破算になってしまうからです。したがって、先に「語と語の相互関係」が確定しないと「後顧の憂いなく内容の探究に専念」できないのです。

　英文の正しい読み方を身につけた人は「**まだ英文の内容はボヤーとしていて、はっきりわからないが、英文の構造（＝語と語の相互関係）はすでに確定している**」という状態をよく知っていて、難しい内容の文にぶつかると、まず先にこの状態を作ろうとするのです。

その上で、内容の検討に集中するわけです。この呼吸は、知っている人には、それこそ掌中の物を見るごとく分明（手のひらの上にある物を見るくらい疑問の余地がなく明らか）なのですが、知らない人には想像もできないことです。昔、古書の中に「此の意味甚深微妙也。惜しいかな、知音の稀なる事を（ここで言っていることは非常に深く、容易には説明できない。これをわかっている人がめったにいないのは残念なことだ）」という言葉を見たことがあります。まさにこの言葉の通りです。

ところで、逆に「語と語の相互関係」を認識できないと、内容の探究どころか、信じられないような初歩的な間違いをして、それに気がつけないということが起こります。

オバマ大統領就任演説の誤訳

最近も、オバマ大統領就任演説のハイライトと目される For the world has changed, and we must change with it. という一文を、目を通した限り、すべての新聞、通信社が「世界は変わった。だから、我々も世界と共に変わらなければならない」のように誤訳していました。驚いたことに、アメリカ大使館のホームページに掲載されている翻訳文も「世界が変化したのですから、それと共に私たちも変化しなければならないのです」という訳文です（平成22年6月現在）。これは「語と語の相互関係」のレベルから見ると、初歩的なミスです。この和訳は、おそらく次のようなプロセスで作られたと思われます。

For は「理由」を表す接続詞だ。the world has changed は「世界は変わった」だ。we must change with it は「我々はそれと共に変わらなければならない」だ。この3つを意味が通るように組み合わせると「世界は変わった。だから、我々も世界と共に変わらなけれ

ばならない」となる。

　しかし、このような組み合わせ方はできないのです。そのことは、中学生が使うような辞書でも、ちゃんと出ているのです。ただし、辞書は参考書ではありませんから、具体的な英文について「こう読まなければいけない」とか「こう読んではいけない」という形で指示するのではなく、品詞のところに「等位接続詞」と表示することによって指示するのです。ここで詳しい説明をすることは避けますが、文頭の For が等位接続詞ということになると、上述のような意味の組み合わせ方は絶対にできないのです (cf. p. 106, 128)。もし仮に For が<u>等位接続詞</u>ではなくて<u>従属接続詞</u>だということになれば、<u>上述のような意味の組み合わせ方ができますが、その場合でも and（＝等位接続詞）を削除しなければ正しい英文になりません。</u>

　要するに、辞書は「等位接続詞という言葉はどのように使うのか」ということを使用者が知っていることを前提に作られているのです。前に私は「辞書を使いこなすには品詞と5文型についての相当の理解が必要なのです」と書きましたが、それはこういうことなのです。この理解（素養と言ってもよい）がないと、辞書の重要な情報を活用できない（というよりも、重要な情報が目に入らない）ことになります。「本当の意味で辞書を使いこなせる人が少ない」のはここに原因があるのです。

学校教育の目標

　大袈裟な言い方ですが、学校教育の目標は、学校を卒業したとき、教師の助けなしに自分でやっていける力を生徒に身につけさせることです。英語の分野で言えば「教師の助けなしに自分でやっていける力」とは「辞書を使える力」です。さればこそ、昔の英語教師は、生徒が学校を卒業するまでに自分で辞書を使って読み書きできるよ

Part 2 ● Newsweek の科学記事を読む ● 1

うに、生徒から嫌がられても、辞書を使うための素養(すなわち品詞と文型、さらには動詞・助動詞の活用)を繰り返し教え込んだのです。「長い目で見たとき、本当に生徒のためになることを、今嫌がられても、教える」という側面も学校教育にあっていいのではないでしょうか。

オバマ大統領就任演説の正解

ちなみに、先ほどの英文の正解は「なぜなら世界はすでに変化していて、我々は世界と共に変わらなければならないからなのだ」です。

この読み方は、For の品詞によって、いち早く確定するのです。本当の勝負(=真意の探究)はここからです。「世界がすでに変化していて、我々が世界と共に変わらなければならない」ことが、前に(=For ....の前に)書いてあることの理由だというのはどういうことなのか? どのようなメカニズムで因果関係が成立するのか? これを納得がいくまで探るのです。すでに形式面の読み方(=英文の構造)は確定していますから、後顧の憂いなく因果関係の探究に集中できるわけです。

When the p53 gene contains such a spelling mistake, the p53 protein that the gene makes is garbled, too. And ③proteins are not very forgiving of errors.

---

p53 遺伝子にそのような複写ミスがあると、遺伝子が作る p53 タンパク質も違ってくる。そして、タンパク質というのは誤りに対してそれほど寛容ではない。

forgiveという動詞は自動詞と他動詞の両方がありますが、ここで使われているforgiveは「〜を許す」という意味の他動詞です。ところがforgivingには目的語がついていません（errorsはforgivingの目的語ではなく、前置詞ofの目的語です）。このように他動詞のing形が目的語を伴わずに形容詞の働きをする場合は「意味上の目的語を〜するような性質を持っている」という意味を表します。したがって、この文のforgivingは「何かを許すような性質を持っている」という意味です。ところで、この「何か（＝意味上の目的語）」は英文上は明示されず、読み手が文脈から推測して補うのが普通です（たとえば、前述のan interesting bookのような具合に）。しかし、書き手が意味上の目的語をはっきり明示したいときは2つ方法があります。1つはing形の前に、意味上の目的語になる名詞を置いて、間をハイフンでつなぐやり方です。たとえばerror-forgivingのようにします。すると「間違いを許すような性質を持っている」という意味になります。もう1つは意味上の目的語になる名詞に前置詞をつけて、その前置詞＋名詞をing形の後に置く方法です。たとえばforgiving of errorsのようにします。すると「間違いについて、許すような性質を持っている」という意味になります。本文は、後者の書き方をしているのです。なお、これについて次の2つの文を比べてください。

The problem is puzzling me.
The problem is puzzling to me.

　上は進行形の英文です（puzzlingは現在分詞で、助動詞のisがつき、is puzzlingで進行形になっています）。「その問題は（今）私をまごつかせている（最中だ）」という意味です。下は本文と同じ形です（puzzlingは現在分詞形容詞用法で、動詞isの補語になっています）。「その

問題は私にはわけがわからない（＝私に対して、人をまごつかせるような性質を持っている）」という意味です（cf. p. 170）。事柄（＝事実関係）としてはほとんど同じですが、微妙にニュアンスが違うのです。

さて、本文に戻りましょう。not very ～ は「非常に～というわけではない ⇒ あまり～でない、それほど～でない」という意味を表します。したがって、本文は「タンパク質は間違いに対して許容するような性質をあまり持っていない ⇒ タンパク質は間違いにあまり寛容ではない」という意味になります。ここで言う「errors（＝間違い）」とは「遺伝子の核酸塩基の配列の間違いに起因するタンパク質の分子構造の異常」を指しています。それに対して「タンパク質はあまり寛容ではない」というのは「ちょっとした分子構造の異常によってもタンパク質は本来の機能を失ってしまう」ということです。

A single wrong letter in a crucial part of the p53 gene produces a protein with a wrong molecule; ④the protein is now no more able to suppress tumors than a cork is to cap a volcano.

p53 遺伝子の重要な部分にたった 1 つでも間違った文字があると、その遺伝子は間違った分子構造のタンパク質を作り出す。そして、そのタンパク質はもはや、コルクで火山にふたをできないように、腫瘍を抑えることができなくなるのである。

than 以下は a cork is able to cap a volcano から able が省略されています。この文は「コルクが火山にふたをできる力（＝どれくらい

効果的にふたができるか)」と「その (分子構造に異常がある) タンパク質が腫瘍を抑制できる力 (=どれくらい効果的に腫瘍を抑制できるか)」を比較しています。その際、次のように言っているのです。

『腐っても鯛』という言葉もあるくらいで、いくら分子構造に異常があるといっても、仮にも p53 タンパク質なのだから、少しくらいは腫瘍抑制力が残っているはずだ。コルクが火山にふたをできる力などゼロなのだから、それと比べたら、当然、腫瘍抑制力の方が大きい (=more able) はずだ、と考えるのが皆さんの常識でしょう。しかし、実はそうではないのです。タンパク質の腫瘍抑制力がコルクの噴火遮蔽力を上回っている度合い (=more の度合い=どれくらい more なのか=少し上回っているだけなのか、それとも大幅に上回っているのか) はゼロ (=no) であって、タンパク質の腫瘍抑制力とコルクの噴火遮蔽力は同程度なのです。

「タンパク質の腫瘍抑制力とコルクの噴火遮蔽力は同程度だ」と言われたら、コルクの噴火遮蔽力がゼロであることは誰の目にも明らかですから、タンパク質の腫瘍抑制力もそれと同程度、つまりゼロだ、ということになり、結局、この文は「その (分子構造に異常がある) タンパク質は腫瘍を抑制できない」と言っていることになるのです。

2 種類のクジラ構文

この文は 2 つの事柄を no more ~ than で比べる、おなじみの表現で、昔から、学校では A whale is no more a fish than a horse is. (クジラが魚でないのは、馬が魚でないのと同じだ) という例文で習うので「クジラ構文」という名で呼ばれています (cf. p. 31, 101, 139)。しかし、このクジラの例文は「程度を問題にできない事柄を比べて

いる（ある生物は100%魚であるか100%魚でないかのどちらかであって、ある生物が魚である度合いという概念は成立しません）」のに対して、本文は「程度を問題にできる事柄を比べている」点で、本質的な違いがあります。この本質的な違いに応じて、意味の取り方も異なるのですが、このあたりの詳しい事情については以前に論じたことがある（『英文精読講義』Lesson 14）ので、ここでは深入りしないことにします。

¶ 4　If the sperm or egg from which a baby grew held a mutant p53, then every single cell of the 30 trillion in her body will also harbor a mutant copy. In theory, inheriting only one mutant p53 gene, from one parent, should not be a problem as long as the child inherits a healthy p53 gene from the other parent. The healthy copy should make enough p53 to keep tumors at bay.

　赤ん坊が生まれる元になった精子か卵子にp53遺伝子の変異型が含まれていると、その赤ん坊の身体にある30兆個の細胞のそれぞれがその変異型の複製を持つことになる。理論的には、片方の親から1つだけp53遺伝子の変異型を受け継いでも、もう一方の親から正常なp53遺伝子を受け継いでいる限り、問題にならないはずである。正常なp53遺伝子の複製が、腫瘍を抑えるのに十分なp53タンパク質を生産するはずだからである。

---

　from which a baby grew は形容詞節で the sperm or egg を修飾

しています (the sperm or egg が先行詞です)。

as long as はこの 3 語で「1 つの従属接続詞」という扱いを受けます (文法用語で転用接続詞などと呼ばれています)。as long as S + V は全体が副詞節で「S が V する限り」という意味を表します。

bay には「湾」の他に「窮地」という意味があります。たとえば stand at bay と言えば「窮地に立っている」という意味です。keep 〜 at bay は「〜を窮地に保つ ⇒ 〜を寄せつけない」という意味の慣用句です。

> **But p53 doesn't work that way.**

この直前に The healthy copy should make enough p53 to keep tumors at bay. という文があり、これに続いて But p53 doesn't work that way. という文が来ます。どちらの文にも p53 が出ているので、この 2 つの p53 は同じものを指していると受け取りがちですが、違います。ここを誤解していると、But p53 doesn't work that way. を検討することができません。そこで、まずこの点をはっきりさせましょう。

The healthy copy should make enough p53 to keep tumors at bay. (正常な p53 遺伝子の複製が、腫瘍を抑えるのに十分な p53 タンパク質を生産するはずだ) の The healthy copy は「正常な p53 遺伝子の複製」であり、したがって中身は p53 遺伝子です。そして enough p53 の p53 は p53 タンパク質のことです。それに対して、But p53 doesn't work that way. の p53 は p53 遺伝子を指しています。したがって、But p53 doesn't work that way. の主語である p53 は、直前の文の主語である The healthy copy と対応しているのです (くどいですが、直前の文の p53 を指しているのではありません)。すると、

この文の述部である work that way は、直前の文の述部である make enough p53 to keep tumors at bay と対応することになり、結局、直前の文とこの文の違いは、肯定と否定の違いだけになります。したがって、直前の文とこの文は「S should V. But S doesn't V (S は V するはずだ。しかし、現実には S は V しない)」と言っていることになります。つまり、But p53 doesn't work that way. は「しかし、現実には直前の文のようにはならない (= 現実には、正常な p53 遺伝子があっても腫瘍を抑えられない)」と言っているのです。

not 〜 always ではないのか？

しかし、この結論はにわかに納得できません。たとえば、腎臓のように 2 つある臓器の場合は、1 つが機能しなくなっても (摘出されたような場合)、もう 1 つが正常なら、問題なく通常の生活が送れます。細胞中に p53 遺伝子の変異型が含まれていても、もう 1 つ正常な p53 遺伝子があれば、それが正常な p53 タンパク質を作り出し、その正常な p53 タンパク質が細胞のガン化を抑止してくれるはずです。この文の前のところにも「理論的には、そうなるはずだ」と書いてあります。もちろん、腎臓を摘出した後で、残った腎臓の機能が停止すれば重大な事態を引き起こします。しかし、1 つ腎臓を摘出すれば、残った腎臓は遅かれ早かれ必ず機能を停止する、と決まっているわけではありません。P53 遺伝子の場合も、1 つが変異型であれば、残りのもう 1 つが突然変異を起こせば、p53 遺伝子の機能が失われてしまう、とこの文の後に書いてあります。しかし、それは That mutation can occur (その突然変異は起こりうる = 起こる可能性がある) と言っているのであって「必ず起こる」と言っているのではありません。ですから、この文が p53 doesn't work that way (p53 遺伝子はそのように働かない) と言い切っていることに違和感を覚えるのです。むしろ p53 doesn't <u>always</u> work that way「p53 遺伝子

は必ずそのように働くとは限らない(なぜなら、もう1つの正常な p53 遺伝子が突然変異を起こすこともありうるからだ)」のように書いてあればすんなり納得できるところです。

▐▐▐▐▐ 予想されるのは

しかし、英文には always は使われていないのですから、英文の表現を尊重して、それに内容を論理的に整合させなければなりません。すると、予想されるのは「もう1つの正常な p53 遺伝子が正常な働きをして正常な p53 タンパク質を生産しても、それでもなお、その細胞はガン化する可能性がある」ということです。たとえば「異常な p53 遺伝子の作る異常な p53 タンパク質が混じると、その悪影響を受けて、正常な p53 タンパク質も制ガン機能を失う」というようなメカニズムです。もし本当に、これに類することが、この後に書いてあれば、この文の違和感(= always がないことから来る違和感)も解消することになります。

First of all, ⑤each cell with one bad p53 gene is only "one mutation away from completely lacking the function of this critical gene," explains p53 researcher Tyler Jacks of HHMI and the Massachusetts Institute of Technology.

まず第一に、HHMI とマサチューセッツ工科大学に籍を置くタイラー・ジャックスの説明によると、p53 遺伝子の変異型を持った細胞はどれも、あと1回突然変異を起こしただけでこの重要な遺伝子の機能を完全に失ってしまう。

名詞で動詞・形容詞・副詞を修飾したいときは、前置詞をつけて「前置詞＋名詞」の形で副詞句にするのが原則です（この場合の名詞の働きは「前置詞の目的語」と呼ばれます）。たとえば、この英文で言えば、with one bad p53 gene と of this critical gene は形容詞句で、それぞれ each cell と the function を修飾しています。また、from completely lacking the function は副詞句で away を修飾しています。この場合は、純粋な名詞ではありませんが、lacking が動名詞として from の目的語になっています。

副詞的目的格

ところが、時間・距離・数量・様態（＝姿、形、方法など）を表す名詞は、前置詞なしで、副詞の働きをすることがあります。たとえば、All his life he lived in London.（生涯彼はロンドンで暮らした）の All his life がこれです。「一生の間」なら for all his life と言いそうですが、この文では for がつかずに、いきなり All his life が副詞の働きをして lived を修飾しています。こういう働きをする名詞のことを「副詞的目的格」といいます。副詞的目的格は、動詞だけでなく、形容詞や副詞を修飾することもあります。次の文を見てください。

As a boy, Matsui was always a head taller than his classmates.
子供の頃、松井はいつもクラスメートより頭1つ背が高かった。

a head は「数量を表す副詞的目的格」で taller を修飾しています。ところで、「副詞的目的格が形容詞・副詞を修飾するときは、必ず形容詞・副詞の直前に置く」というルールがあります。ですから、a head は taller の前に置かれているのです。

only one mutation は距離を表す副詞的目的格

　これでおわかりになったと思いますが、この文は each cell with one bad p53 gene is away from completely lacking the function of this critical gene（p53 遺伝子の変異型を持った各細胞は、この重要な遺伝子の機能を完全に失ってしまうことから離れたところにいる＝完全に失ってはいない）という文を下敷きにして、どれくらい離れているかを only one mutation で表したのです。only one mutation は「（比喩的に）距離を表す副詞的目的格」で、前から away を修飾しています。「完全に失ってしまうことから、たった1回の突然変異分だけ離れている」という意味です。これは「突然変異がたった1回でも生じれば、たちまちこの重要な遺伝子の機能を完全に失ってしまう」という内容です。

　ところで、内容が完全にわかったところで、なぜこのようなことになるのかを考えてみましょう。まず「p53 遺伝子の変異型を持った各細胞は、この重要な遺伝子の機能を完全に失ってはいない（＝まだ制ガン機能を持っている）」のは、各細胞はもう1つ正常な p53 遺伝子を持っているからです。人体の各細胞には精子から来た遺伝子と卵子から来た遺伝子が含まれています。ですから、各細胞はすべての遺伝子を one pair ずつ持っている（＝同じものを2つずつ持っている）のです。したがって、どちらかが変異型であっても、まだ1つ正常な遺伝子が残っているわけです。なお、この例外は精子の細胞と卵子の細胞と赤血球だけです。精子の細胞と卵子の細胞は各遺伝子が1つずつしかありません。それから、遺伝子は核の中に存在しているのですが、赤血球はそもそも核を持っていないので、遺伝子も持っていません。

　次に「突然変異がたった1回でも生じれば、たちまちこの重要な遺伝子の機能を完全に失ってしまう」のは、各細胞が持っている p53

遺伝子は2つで、そのうちの1つが変異型であれば、正常な p53 遺伝子はあと1つしか残っていないからです。突然変異が1回生じて、この1つだけ残っている正常な p53 遺伝子が変異型になれば、p53 遺伝子の機能は完全に失われてしまうわけです。

S is 副詞的目的格 away from 〜.

なお、この文で使われている「S is 副詞的目的格 away from 〜（S は〜から副詞的目的格分だけ離れている）」という表現は定型的表現で、よく出てきます。次に挙げるのは、1995 年にエボラ出血熱がザイールで大流行したときの英文です。

"I'm the thickness of a glove away from certain disease and possible death at any point," says USAMRIID's Peter Jahrling.

「存在していることが確実な病と、いつ襲ってくるかもしれない死、これと自分を隔てているのは薄い手袋1枚だけだ」と、米陸軍感染症研究所のピーター・ジャーリングは言う。

the thickness of a glove（手袋1枚の厚さ）が away を修飾しています。

That mutation can occur when the cell — in the liver, lungs or any other organ — makes a spelling mistake as it copies its genes before dividing into two cells. Then the cell has lost its primary defense against cancer.

肝臓でも肺でもその他どんな臓器でも、細胞が2つに分裂する前に遺伝子を複写する際、複写ミスを犯すと、その突然変異が起こる可能性がある。そうなると、その細胞はガンに対する最も重要な防御機能を失ってしまうのだ。

¶ 5 But even a cell whose healthy p53 gene stays that way can be in trouble.

　しかし、正常なp53遺伝子が正常なp53タンパク質を生産している細胞でも、障害が起こる可能性がある。

　whose healthy p53 gene stays that way は形容詞節で、a cell を修飾しています。that way は副詞的目的格で stays を修飾しています。stays that way で「そういうふうにとどまる」という意味です。この that way は But p53 doesn't work that way. という文の that way と同じで、The healthy copy should make enough p53 to keep tumors at bay. という文の make enough p53 to keep tumors at bay を指しています。したがって、healthy p53 gene stays that way（健康な p53 遺伝子がそういうふうにとどまる）というのは「正常な p53 遺伝子が、腫瘍を抑えるのに十分な p53 タンパク質を生産する」という意味です。

Part 2 ● Newsweek の科学記事を読む ● 1

The p53 proteins made by the genes, both good and bad, get together in groups of four to form a sinuous complex that looks like ribbon on a Christmas present. If the mutant gene is churning out mutant proteins, then each four-ribbon tangle likely has a mutant among its strands . That is enough to keep the p53 ribbon from binding to DNA and halting tumor growth.

この英文を理解するためには、囲みで囲った5つのフレーズがそれぞれ何を指しているのかを正確につかまなければなりません。そこに留意して解説してみましょう。

The p53 proteins made by the genes, both good and bad, get together ⑥in groups of four to form a sinuous complex that looks like ribbon on a Christmas present.

遺伝子によって生産された p53 タンパク質は、正常、異常を問わず、結びついて、4つのタンパク質からなるグループの集合体になる。そして、この集合体はクリスマスの贈り物にかけるリボンのように見える滑らかに湾曲した1つの複合体を構成する。

---

both good and bad は both good proteins and bad proteins から proteins が省略された形です。both good proteins and bad proteins は、主語の The p53 proteins と同格（＝主語の The p53 proteins を別

の名詞で言い換えたもの）です。したがって、The p53 proteins made by the genes, both good and bad, は「その遺伝子によって作られた p53 蛋白質は、正常なもの、異常なもの、両方が」という意味です。

four groups と groups of four の違い

in groups of four の in は「形態を表す in」です。たとえば sit in a circle と言った場合は「輪の中に座る」という意味ではなく、「輪になって座る」という意味です。four groups は「4つのグループ（グループの数が4つ）」という意味ですが、groups of four は「4つの構成要素からなる、複数のグループ」という意味です。つまり a group of four（4つの構成要素からなるグループ）が複数ある、ということです。たとえば They are working in groups of four. は「彼らは4人ずつのグループで働いている」という意味になります。groups of four だけでは four（＝4つの構成要素）の中身はわかりませんが、これが文中で使われれば、文脈から中身が決まります。たとえば、今の They are working in groups of four. の場合は、主語の They が人間ですから、groups of four の four も人間です。本文の場合も同様に、主語が The p53 proteins ですから、groups of four の four も p53 protein です。したがって、a group of four は「4つの p53 タンパク質が結合して1つのグループになったもの」であり、groups of four はそれが複数あるのです。

四量体

複数のペプチド分子（タンパク質はペプチド分子です）が結合し、1つのユニットとして機能する集合体を「多量体」といいます。結合するペプチド分子の数が4つの場合は、この多量体を「四量体」といい、p53 タンパク質は四量体を形成することによって初めてその機能を発現することがわかっています。a group of four（＝4つの p53

タンパク質が結合して1つのグループになったもの)は「p53 タンパク質の四量体」を指していると考えられます。以上の理解に基づいて in groups of four までを読むと、次のようになります。

　その遺伝子によって作られたP53 タンパク質 (= The p53 proteins made by the genes) は、正常、異常を問わず (= both good and bad)、四量体の集合という形で (= in groups of four) 結合する (= get together)。

結果の不定詞

　次に to form a sinuous complex はいわゆる「結果の不定詞」で「その結果、滑らかに湾曲した1つの複合体を形成する」という意味です。to form の意味上の主語は to form の前に for 〜 の形で明示されていないので、この文の主語の The p53 proteins であると考えるのが基本です。しかし、p53 proteins は、いきなり a sinuous complex を形成するのではなく、get together in groups of four (四量体の集合という形で結合) して、その結果 a sinuous complex を形成するのです。ですから、to form の意味上の主語は、文法的にはこの文の主語である The p53 proteins ですが、実質的 (= 事柄的) には groups of four なのです。そこで、それを前面に出して最後まで読むと、次のようになります。

　その遺伝子によって作られたP53 タンパク質 (= The p53 proteins made by the genes) は、正常、異常を問わず (= both good and bad)、四量体の集合という形で (= in groups of four) 結合する (= get together)。そして、その四量体の集合全体 (= groups of four) は1つの湾曲した複合体を形成し (= to form a sinuous complex)、その複

The Cancer Killer

合体はクリスマスプレゼントにかけられたリボンのような形をしている（= that looks like ribbon on a Christmas present）。

> **If the mutant gene is churning out mutant proteins, then each four-ribbon tangle likely has a mutant among its strands. That is enough to keep the p53 ribbon from binding to DNA and halting tumor growth.**

> p53遺伝子の変異型がp53タンパク質の変異型を濫造している場合、4つのリボンからなるタンパク質の複合体のそれぞれが、その構成要素であるタンパク質の中にp53タンパク質の変異型を持っている可能性が高い。そうなると、そのp53タンパク質のリボンは、DNAに結合して腫瘍の増殖を抑えることができなくなるのである。

　この文に出てくる four-ribbon tangle というのは、前の文に出てきた a sinuous complex that looks like ribbon on a Christmas present を指しています。クリスマスプレゼントが入った箱の四辺にリボンがかけられ、箱の真ん中でそのリボンが結ばれている情景を想像してください。そこから箱だけを取り除き、結び目をそっとほどくと、4つの湾曲部を持つ1本のリボンが残ります。これが a sinuous complex that looks like ribbon on a Christmas present です。したがって、four-ribbon tangle は「4本のリボンのからまり」ではなく「4つの湾曲部を持った1本のリボンのからまり」なのです。そして、もちろん four-ribbon tangle の four と groups of four の four は無関係です。くどいですが、前者の four は「4つの湾曲部」で、後者の

four は「4つの p53 タンパク質」です。

its strands の中身は？

　its strands の its は four-ribbon tangle (= a sinuous complex) です。strand は本来「単糸、より糸」という意味で、これをより合わせて1本の糸やロープなどを作るわけです。ここから strand は「(より糸のように、集まって全体をなす) 構成要素」を表すようになり、通常、複数形で使われます。したがって、its strands は「1つの複合体 (a sinuous complex) を構成している構成要素」を指しています。a sinuous complex の構成要素は四量体 (= a group of four) ですが、四量体は4つの p53 タンパク質の集合ですから、最も細かくとらえると p53 タンパク質も a sinuous complex の構成要素と言えます。its strands はこのどちらかです。これについては次の2つの文を見比べてください。

He has a doctor among his friends.
It has a mutant among its strands.

　among の目的語の複数名詞 (= his friends) を単数形 (= his friend) に変えると a doctor = his friend が成立します。同様に a mutant = its strand が成立するはずです。すると、a mutant は a mutant protein ですから、strand も protein でなければなりません。これから、strand は四量体ではなく、p53 タンパク質であることがわかります。もし strand が四量体だとしたら has a mutant in its strands になるはずです。したがって each four-ribbon tangle likely has a mutant among its strands は「4つの湾曲部を持った1本のリボンのからまり (すなわち、リボンのように見える1つの複合体) の各々は、それを構成している p53 タンパク質の中に変異型を持っている可能性があ

る」という意味になります。変異型を持っていると、その複合体（これは最後に the p53 ribbon と表記されています）は、DNA に結合して腫瘍の増殖を抑えることができなくなるのです。

制ガン機構の再確認

以上の説明をもう一度整理すると、次のようになります。

4つの p53 タンパク質が結合して1つのグループ（＝四量体）を作ります。このグループが集まって1つの複合体（＝a sinuous complex）になります。この複合体は形態上4つの湾曲部を持っています。この複合体が DNA に絡みついて（＝結合して）細胞の分裂を抑制するのです（おそらく湾曲部があると DNA に絡まりやすいのでしょう）。

ところで、p53 タンパク質が各々単独で細胞分裂を抑える機能を果たすのであれば、細胞の中に p53 タンパク質の変異型があっても、同時に存在する正常な p53 タンパク質が細胞分裂を抑える機能を果たすのでガンになりません。しかし、実際は、p53 タンパク質が集まってできた1つの複合体が細胞分裂を抑える機能を果たすのです。細胞の中に正常な p53 タンパク質と変異型 p53 タンパク質が共存している場合、変異型 p53 タンパク質の量にもよりますが、正常な p53 タンパク質だけが集まって複合体を形成する可能性は極めて低く、ほとんどの複合体に変異型 p53 タンパク質が含まれることになります。すると、それらの複合体は細胞分裂を抑える機能を失っているので、細胞は無制限な分裂を始めてガンになるのです。

ですから、片方の視力が失われたり、腎臓の1つが失われたり、精巣の1つが失われたりした場合とは異なり、細胞の中に正常な p53 遺伝子が残っていて、それが正常な p53 タンパク質を生産しても、同時に、異常な p53 遺伝子が異常な p53 タンパク質を生産していた

ら、その細胞はガンになる可能性が高いのです。それで、前に But p53 doesn't work that way「しかし、p53 遺伝子はそのように働かない（＝残った正常な p53 遺伝子が腫瘍を抑制するようには働かない）」と言い切ったのです。

> ¶ 6　Most p53 mutations, though, are not inherited. Instead, they arise from a copying error or an attack by a carcinogen. Bulky chemicals, such as the benzopyrene in cigarette smoke, change G to T and C to A, for instance.

　　しかし、p53 遺伝子の変異型の大部分は遺伝しない。それらの変異型は DNA の複写ミスや発癌物質の攻撃によって生じるのである。たとえば、紙巻煙草の煙に含まれるベンゾピレンのようなかさ高い化学物質は p53 遺伝子の核酸塩基配列中の G を T に、C を A に書き換えてしまう。

　bulky は「重さに比して体積が大きい」ことを表す形容詞で「かさ高い」というように訳されています。この語はよく化学物質を修飾するのに使われます。

> A single mutant gene is enough to leave a cell with no healthy, tumor-quashing p53. And just one out-of-control cell can give rise to a deadly tumor.

> 1つp53遺伝子の変異型があれば、それで、細胞中の、腫瘍抑制機能を持ったp53タンパク質の正常な複合体は失われてしまう。そして、たった1つの制御不能な細胞が致命的な腫瘍を作り出す可能性を持っているのである。

　leave 人 with ～ で「人に～を残す」という意味を表します。たとえば leave him with many debts「彼に多くの負債を残す」といった具合です。したがって、この文を直訳すると「1つの変異型遺伝子は、細胞に、腫瘍を抑制する正常な p53 タンパク質を残さないのに十分である」となります。これは「1つでも変異型遺伝子があると、その細胞からは、腫瘍を抑制する正常な p53 タンパク質が失われてしまう」という内容です。この文では leave a cell with no healthy, tumor-quashing p53（腫瘍を抑制する正常な p53 タンパク質を残さない）と言っていますが、腫瘍を抑制するのは p53 タンパク質の単体ではなく複合体ですから、この文の p53 は groups of four（= a sinuous complex）を指しています。

　なお、tumor-quashing は proteins are not very forgiving of errors の解説で例にあげた error-forgiving と同じ形で「腫瘍を抑制するような性質を持っている」という意味です。

> 【試 訳】
> ¶1　今日では、p53 に関して 5200 例を超える研究が発表されており、生物学者たちは p53 にはさらに大きな成果が期待できると確信している。「p53 について私が素晴らしいと思うことは、これがガンの治療法を指し示しているという点です」とプリンストン大学のレバインは

言う。「我々は初めて本当に実験室から臨床の場に研究の成果を移せるのです。」

¶2　p53遺伝子は細胞の障害を制御する監督者として働く。正常な細胞には、通常、少量のp53タンパク質が存在し、絶えずそれが分解すると同時に新たに補給されている。ところが、電離性放射線、発ガン性化学物質、化学療法の薬品などの何かが、細胞中のDNAを傷つけ、しかもその傷つけ方が細胞をガン化させかねない様態だった場合には、その細胞は厳戒態勢に移行する。そのとき、すべてが正常に機能していれば、何かがp53遺伝子に指令を送り、p53タンパク質の分解を止めさせる。「そして、p53遺伝子に、活動するときがきたと命じるのです」とコロンビア大学の分子生物学者キャロル・プライブズは言う。すると、p53タンパク質の供給量が増大する。コピーしようとしている文書に誤植を見つけた事務員は、誤植を直すまでコピー機のスイッチを切る。それと同じような行動をp53タンパク質がとり始める。傷ついたDNAを細胞が修復できるまで、細胞の複製機能をp53タンパク質がストップさせるのである。これを行うために、p53タンパク質はその細胞の遺伝子のところに移動し、ある特定のDNA配列に入り込む。そこで、そのp53タンパク質は近くにある遺伝子の発現スイッチを入れる。すると、これらの遺伝子はその細胞の増殖を直接阻止するタンパク質を生産する。これによって、将来ガンになる可能性がある細胞はピタッと分裂停止するのである。しかし、誤植の多さにうんざりした事務員は、訂正を諦めて、その文書を廃棄する。p53遺伝子も、この事務員に似た働きをすることもある。p53遺伝子が細胞の自殺プログラムを発動させるのである。

¶3　ただし、p53遺伝子が機能しない場合は、話は別だ。正常な遺伝子でも壊れることはある。p53タンパク質を生産する遺伝子も故障する場合がいくつかあり、人間のガンの約60％は、直接的あるいは間接的に、p53遺伝子の故障が原因であると推定されている。それには、

乳ガン、肺ガン、肝臓ガン、皮膚ガン、前立腺ガン、膀胱ガン、子宮頸ガン、結腸ガンなどが含まれる。最も多いのは、突然変異によってp53遺伝子が機能しなくなるケースである。突然変異の典型は遺伝情報の複写ミスだ。p53遺伝子を構成している2362個の化学的な文字(これらはA、T、G、Cと表示される)のうち1文字が間違って別の文字になるのである。p53遺伝子にそのような複写ミスがあると、遺伝子が作るp53タンパク質も違ってくる。そして、タンパク質というのは誤りに対してそれほど寛容ではない。p53遺伝子の重要な部分にたった1つでも間違った文字があると、その遺伝子は間違った分子構造のタンパク質を作り出す。そして、そのタンパク質はもはや、コルクで火山にふたをできないように、腫瘍を抑えることができなくなるのである。

¶4 赤ん坊が生まれる元になった精子か卵子にp53遺伝子の変異型が含まれていると、その赤ん坊の身体にある30兆個の細胞のそれぞれがその変異型の複製を持つことになる。理論的には、片方の親から1つだけp53遺伝子の変異型を受け継いでも、もう一方の親から正常なp53遺伝子を受け継いでいる限り、問題にならないはずである。正常なp53遺伝子の複製が、腫瘍を抑えるのに十分なp53タンパク質を生産するはずだからである。しかし、p53遺伝子はそのようには機能しない。まず第一に、HHMIとマサチューセッツ工科大学に籍をおくタイラー・ジャックスの説明によると、p53遺伝子の変異型を持った細胞はどれも、あと一回突然変異を起こしただけでこの重要な遺伝子の機能を完全に失ってしまう。そして、肝臓でも肺でもその他どんな臓器でも、細胞が2つに分裂する前に遺伝子を複写する際、複写ミスを犯すと、その突然変異が起こる可能性がある。そうなると、その細胞はガンに対する最も重要な防御機能を失ってしまうのだ。

¶5 しかし、正常なp53遺伝子が正常なp53タンパク質を生産している細胞でも、障害が起こる可能性がある。遺伝子によって生産されたp53タンパク質は、正常、異常を問わず、結びついて、4つのタン

パク質からなるグループの集合体になる。そして、この集合体はクリスマスの贈り物にかけるリボンのように見える滑らかに湾曲した1つの複合体を構成する。p53遺伝子の変異型がp53タンパク質の変異型を濫造している場合、4つのリボンからなるタンパク質の複合体のそれぞれが、その構成要素であるタンパク質の中にp53タンパク質の変異型を持っている可能性が高い。そうなると、そのp53タンパク質のリボンは、DNAに結合して腫瘍の増殖を抑えることができなくなるのである。

¶6 しかし、p53遺伝子の変異型の大部分は遺伝しない。それらの変異型はDNAの複写ミスや発癌物質の攻撃によって生じるのである。たとえば、紙巻煙草の煙に含まれるベンゾピレンのようなかさ高い化学物質はp53遺伝子の核酸塩基配列中のGをTに、CをAに書き換えてしまう。1つp53遺伝子の変異型があれば、それで、細胞中の、腫瘍抑制機能を持ったp53タンパク質の正常な複合体は失われてしまう。そして、たった1つの制御不能な細胞が致命的な腫瘍を作り出す可能性を持っているのである。

2
Day & Night

　O.J.シンプソンは1970年代に史上最高のRB（ランニングバッグ）として一世を風靡したアメリカンフットボールの名選手です。彼は1947年にアフリカ系アメリカ人の家庭に生まれ、USC（南カリフォルニア大学）で活躍して大学の最優秀選手に贈られるハイズマン・トロフィーを獲得した後、1969年にドラフト1位でNFL（全米プロフットボールリーグ）のバッファロー・ビルズに入団、1973年にはNFL史上初めて年間2000ヤードを超える2003ヤードのランを記録、オールプロ選出5回、プロボウル選出6回など輝かしい実績を誇るスーパースターでした。

　1979年に引退した後は俳優としてタワーリングインフェルノやカサンドラクロスなど数々の映画に出演、またTVのコメンテーターとしても活躍しました。1985年にはハイズマン・トロフィー獲得者として初のプロフットボールの殿堂入りを果たしています。

　その彼が再び全米の注目を集めたのは、1994年6月に発生した元妻ニコール・ブラウンの殺害事件で逮捕されたときです。6月13日にニコール（35歳）とその友人ロナルド・ゴールドマン（25歳）の血だらけの死体がロサンジェルスのニコール宅玄関前で発見されました。6月16日には第1級殺人罪でシンプソンに逮捕状が出されます。シンプソンは逮捕を免れるため、友人の運転する車の助手席に乗り逃走を図りました。シンプソンの乗ったフォード・ブロンコは、ロスのフリーウェイ上で追跡するパトカーと派手なカーチェイス（ただしスローカーチェイス）を展開、上空を飛ぶヘリコプターから撮影

した映像が生中継され、全米はTVに釘づけとなりました。2時間後自宅に戻ったシンプソンはその場で逮捕されます。

1995年1月11日、「世紀の裁判」とまで呼ばれたシンプソン事件の審理が始まります。その模様は細大もらさず報道され、社会現象とまでなりました。ニコールの死体のそばで見つかった左手手袋とシンプソンの家の裏庭で発見された右手手袋が対のものであり、しかもその右手手袋にはシンプソンと被害者2人の血痕がついていることがDNA鑑定で明らかになり、さらにシンプソンの寝室からは血のついたソックスが発見され、彼の車からも血痕が見つかり、現場に残された血の足跡はシンプソンの足のサイズと一致、また、事件の発生推定時刻にシンプソンの現場不在を確認できる証拠がなく、同じ頃、血痕が発見された車を彼が運転している姿が目撃されているなど、状況証拠は真っ黒で、検察の楽勝が予想されました。

これに対して、シンプソン側は5億円とも言われる弁護費用をつぎ込んで全米の腕利き弁護士を集めたドリームチームを結成、弁護側は検察と異なる殺害推定時刻を設定してアリバイを主張、凶器が発見されていないこと、シンプソンの血液が警察によって現場にまかれた可能性があることなどを挙げて全面的に争いました。

検察側が証拠として提出した血痕のついた手袋をシンプソンが法廷ではめようとした際、小さくてはめられなかったことは検察の立証に重大な疑念を抱かせました。さらに、シンプソンの自宅を捜査したロス市警のファーマン刑事が黒人差別用語を連発している様子を録音したテープが公開されるに及んで、裁判は、たんなる刑事事件にとどまらず、人種間対立の様相を呈するに至り、弁護側は「白人から無実の罪をなすりつけられた黒人被害者の救済」というスタンスで、人種問題を全面に掲げた法廷闘争を展開しました。最終的に弁護側は検察提出の証拠価値を減殺することに成功、同年10月3日、陪審員は全員一致でNot Guiltyの評決を下しました。評議時間

はわずか4時間でした。

　陪審員の職務は被告人が真犯人か否かを判断することではありません。検察側提出の証拠に合理的疑いがないかどうかを判断することです。もし、合理的疑いがあればNot Guiltyの評決をしなければなりません（たとえ内心で絶対に被告人が真犯人だと信じていてもです）。この、合理的疑いがないかどうかの判断は、法廷における検察側と弁護側のやりとりだけから判断します。そのために、陪審員は事件に関するマスコミの報道等は見聞きすることを禁じられます。シンプソン事件の陪審員は265日間ホテルに隔離され、帰宅を許されませんでした。また、合理的疑いは、ほんのわずかでもあればNot Guiltyの評決をしなければなりません。Not Guiltyは「無実だ」という意味ではなく「（検察側提出の証拠に合理的疑いがあるので）有罪にはできない」という意味なのです（刑事裁判における「無罪推定の原則」とはこういうものです）。12人の陪審員中黒人が8人、最終的には9人を占めるという人種構成が無罪評決の原因になったのではないかという報道が結審直後になされました。しかし、評決後の陪審員へのインタビューでは全員が証拠価値を理由に挙げ、人種問題を理由にした人は1人もいませんでした。

　その後、シンプソンは2007年9月カジノで強盗を働いた廉で逮捕・起訴され、2008年12月に懲役33年の判決が下されました。2010年現在服役中です。

　次の英文は、予備審問によって起訴が決定し、シンプソンが上級裁判所判事の前で再度「100% 無罪」の答弁をした後、陪審員の選定手続きが開始されるまでの期間、すなわち1994年8月に発行されたNewsweekのCover Storyの一節です。この記事は、*Day & Night He lived two lives. An inside look at O. J. Simpson's world* というタイトルで、シンプソンの人となりを広範囲の取材でルポしたものです。テキストに採用した一節は、殺人事件の5年前、シンプソン

がまだニコールと結婚していた当時、2人の間で暴力を伴う激しい夫婦喧嘩が繰り返されていたことを報じるところから始まっています。

問1 You've been out eight times before と now you're going to arrest me for this? がどのような論理関係にあるかがわかるように下線部①を和訳しなさい。

問2 筆者は下線部②の significantly, perhaps によって何が言いたかったのか、説明しなさい。

問3 下線部③の teams が複数形になっている理由を説明しなさい。

問4 下線部④は「USCの教育の恩恵を受けられるであろう」という意味ですが、これはどのようなことか具体的に説明しなさい。

問5 Dr. Alvin Poussaint は下線部⑤の What's underneath the darkies' smile? によって何を言いたかったのか、説明しなさい。

問6 下線部⑥を内容がわかるように和訳しなさい。

問7 下線部⑦を和訳しなさい。

¶1 It is not clear when the first call to the police came. Good luck and some sloppiness by police, who tend to be deferential to celebrities in Los Angeles, allowed Simpson and his PR men to keep the ugly scenes out of the press. But from reports leaked last June, it's clear that Simpson shattered the windshield of Nicole's car with a baseball bat sometime in 1985. When the police arrived, Simpson blithely waved them away. "It's my car," he reportedly said. "I'll handle this. There's no problem here."

¶ 2   The now infamous 911 call at 3:30 a.m. on New Year's Day 1989 was harder to cover up. Nicole ran screaming from the house in her bra, yelling, "He's going to kill me! He's going to kill me!" Clinging to a policeman, she bitterly complained that she had called the police "eight times," but "you never do anything about him, you talk to him then leave." Simpson appeared outside, yelling, "I got two women and I don't want that woman in my bed anymore!" Then he tried to talk the cops out of arresting him. ①"<u>You've been out eight times before and now you're going to arrest me for this?</u>" he scoffed. The police pointed to the bruises and cuts on his wife's face and told him to get dressed. Instead, he fled in his blue Bentley.

¶ 3   Simpson eventually admitted to a "mutual wrestling-type altercation" and pleaded guilty to a misdemeanor count of spousal battery, for which he received a wrist-slap fine and a brief stint of community service. He wanted to avoid a trial; the photos of a battered Nicole would not look good in the tabloids.

¶ 4   Life returned to normal, if his life can be called that. Hertz kept him on as a spokesman after Nicole, who had not wanted to press charges, told Hertz executives, "This is a case of the media picking on a celebrity. We've never been more in love." Friends chose to forget. An

Orange County battered-women's advocate, Sandy Condello, knew about the incident, but she still asked O. J. if he would appear at a celebrity golf tournament to raise money for the cause. "He seemed genuinely appalled" by wife abuse, said Condello, "and so cordial and so charming." It was a triumph of denial. He even offered to help, though — ②<u>significantly, perhaps</u> — never did.

¶ 5 Simpson continued to struggle with the "twoness" described by W.E.B. Du Bois in "The Souls of Black Folk" nearly a century ago — the higher he reached for trappings of the white world, the more he distanced himself from his beginnings. Other blacks resented him for it. Simpson often appeared at tony charity events and had visited so many sick kids in the hospital that he began referring to himself as "the Angel of Death." But he did not give much back to African American causes. He would promise to appear at community centers or youth programs in South-Central Los Angeles, then bow out at the last moment. He spent far more time at the Riviera Country Club, an almost-all-white bastion of glitz (initiation fee: $75,000), where he spent long days playing gin rummy and golf with an assortment of old USC boosters and showbiz execs. "That whole golfing country-club s--t was really tripping," said an NBA player who knows Simpson. "I mean, Barkley and Jordan do it, but when you follow them home, they still got En Vogue pumping on the stereo and ribs in the oven. O. J. really thought he was white."

¶ 6 At the same time, he had to put up with white condescension. Tom Kelly, a longtime Riviera member, recalled to The Washington Post how he would tease Simpson about ③USC's poor basketball teams. "I told O. J., 'If you would just wander down into the ghetto and find a seven-foot-tall black kid ④who could get the benefit of a USC education! But you don't even know where blacks live anymore!' And O. J. would say, 'You sonuvabitch!'"

¶ 7 O. J. would smile when he said that. "On the golf course, when someone makes a racial joke, if you get upset and angry it threatens your position in that world," says Dr. Alvin Poussaint, professor of psychiatry at Harvard Medical School. "⑤It's a classic story in the history of our country. What's underneath the darkies' smile?"

¶ 8 Simpson was trying to keep smiling. By 1992 he knew that he was never going to make it as an actor. "I don't consider myself an actor. I'm a personality," he told Sports Illustrated. He clung to the fact that, as he put it, "I'm O. J., which means I'm somebody today and the highlight of my career isn't behind me." But ⑥his earning power was. Though he still earned a million dollars a year, he had made a series of bad loans and investments (the L.A. riots destroyed his profitable Pioneer Chicken franchise). Hertz was no longer featuring him in ads. Mostly, ⑦he was used to play golf with corporate clients.

Newsweek—August 29, 1994

Part 2 ● Newsweek の社会記事を読む ● 2

【語注】
sloppiness: ずさんさ　deferential: うやうやしい　celebrity: 有名人
blithely: 気楽に　infamous: 悪名高い　scream: 金切り声を上げる
bitterly: 激しく　cop: 警官　arrest: 逮捕する　scoff: 嘲る
bruise: 擦り傷　altercation: 口論　plead: 申し立てる
misdemeanor: 軽罪　count: 訴因　spousal: 配偶者の　battery: 殴打
stint: 割り当てられた仕事　advocate: 提唱者
appalled: ショックを受けた　abuse: 虐待　trappings: 虚飾
tony: しゃれた　bastion: 牙城　glitz: けばけばしさ
assortment: 詰め合わせもの
USC: University of Southern California（南カリフォルニア大学）
condescension: 人を見下した態度　tease: からかう　ghetto: 貧民街
racial: 人種差別的な　psychiatry: 精神医学

¶ 1　It is not clear when the first call to the police came. Good luck and some sloppiness by police, who tend to be deferential to celebrities in Los Angeles, allowed Simpson and his PR men to keep the ugly scenes out of the press.

　最初の警察への電話がいつだったかは明らかでない。運がよかったことと市内在住の有名人に甘い体質を持つロス市警の手抜き捜査のおかげで、シンプソンと彼の広報担当者たちは醜聞をマスコミに隠しておくことができた。

---

celebrities in Los Angeles は celebrities living in Los Angeles の

ことです。

> But from reports leaked last June, it's clear that Simpson shattered the windshield of Nicole's car with a baseball bat sometime in 1985. When the police arrived, Simpson blithely waved them away. "It's my car," he reportedly said. "I'll handle this. There's no problem here."

しかし、去年の6月に漏れた情報によると、1985年のある時シンプソンがニコールの車のフロントガラスをバットで叩き割ったことは明らかだ。警察が駆けつけると、シンプソンは軽く手を振って彼らを追い払い、「これは俺の車だ。後始末は自分でやる。何の問題もない」と言ったそうである。

この reports は「非公式の話、情報、うわさ」という意味で、この意味では通例複数形で用いられます。I'll handle this. の handle は deal with（処理する）という意味で、this は「車のフロントガラスを割ったこと」を指しています。

> ¶ 2 The now infamous 911 call at 3:30 a.m. on New Year's Day 1989 was harder to cover up. Nicole ran screaming from the house in her bra, yelling, "He's going to kill me! He's going to kill me!"

Part 2 ● Newsweek の社会記事を読む ● 2

> 今ではすっかり有名になった 1989 年 1 月 1 日午前 3 時 30 分の警察への通報電話は、もみ消すのがもっと難しかった。ニコールはブラジャー姿で金切り声を上げながら家から駆け出してくると、「あの人に殺される」と繰り返し叫んだ。

911 call は日本で言う「110 番通報」です。in her bra は「ブラジャーを着用して ⇒ ブラジャーだけの姿で」という意味ですが、もちろんこれは上半身のことを言っているので、下半身はスカートなり何なり、身にまとっていたのです。

Clinging to a policeman, she bitterly complained that she had called the police "eight times," but "you never do anything about him, you talk to him then leave." Simpson appeared outside, yelling, "I got two women and I don't want that woman in my bed anymore!"

> 彼女は警官にすがりついて、激しく食って掛かった。「8 回」も通報したのに「警察はあの人には手も触れず、話をしただけで、帰ってしまう。」このときシンプソンが外に出てきて叫んだ。「俺には女が 2 人いる。その女はもう俺のベッドには不要だ。」

I got two women の got は、形は過去形に見えますが、過去の意味を表しているわけではありません。have got は、しばしば、所有

を表す have と同じ意味で用いられます。その場合は 've got や 's got のような短縮形で用いられ、前者は、くだけた会話体になると 've が落ちて got だけになることもあります。本文はこの形です。したがって、I got two women = I've got two women = I have two women なのです。それから、この two women は two women to make love with のことで、「ベッドを共にする女性」です。

Then he tried to talk the cops out of arresting him. ①"You've been out eight times before and now you're going to arrest me for this?" he scoffed.

You've been out eight times before は You've been called out eight times before の意味です。字面だけを訳すと「君たちは前に8回電話で呼び出されている」となります。しかし、これで文が終わるわけではなく、この後に「今君たちは私をこのことで逮捕しようとしている」と続き、2つの文は and でつながれています。並べると「君たちは前に8回電話で呼び出されている、そして、今君たちは私をこのことで逮捕しようとしている」となります。

これで「読めた!」とする人も多いのですが、これではまだ完全には読みきれていません。なぜなら、筆者がこの文 (= シンプソンのこの発言) を he tried to talk the cops out of arresting him (彼は、警官を説得して、何とか逮捕を思いとどまらせようとした) と評したことがピンとこないからです。筆者は、この文 (= この発言) を「警官に逮捕を思いとどまらせるような内容」だと考えています。ところが、この文を「君たちは前に8回電話で呼び出されている、そして、今君たちは私をこのことで逮捕しようとしている」と読むと、これが

どうして「警官に逮捕を思いとどまらせる内容」になるのか理解できないのです。この理由は「and の前と後がどういう論理関係にあるのか」をはっきりつかんでいないからです。完全な理解を得るためには、得心がいくまで、and の前後の論理関係を追求する必要があります。

文と文の論理関係

私は以前「文と文の論理関係が一読してわからないときは、言い換え、例示、理由、条件、譲歩の5つのどれかの可能性が高いのです。なぜなら、この5つ以外の論理関係の場合には、たいてい、読めばすぐにつながりがわかるからです」と書いたことがあります（『英語リーディングの真実』p. 198）。この判断枠組み（= Frame of Reference）を使って、考えてみましょう。まず、and の前に対して and の後が「言い換え」や「例示」になっているとはとても考えられませんから、この2つは排除します。すると、次の3つです。

> ☞ （理由）「君たちは前に8回電話で呼び出されている**ので**、今君たちは私をこのことで逮捕しようとしている」
>
> ☞ （条件）「君たちが前に8回電話で呼び出されている**としたら**、今君たちは私をこのことで逮捕しようとしている」
>
> ☞ （譲歩）「君たちは前に8回電話で呼び出されている**にもかかわらず**、今君たちは私をこのことで逮捕しようとしている」

いかがでしょう。どれが一番可能性が高い（＝その方向でさらに考

えれば、正解にたどりつきそうだ）と思いますか？　この3つの中で「条件」は最もつながりが不自然で、これを選ぶ人はいないと思います。他の2つは意見が分かれるところです。そこで、まず「理由」から検討してみましょう。

「理由」の検討

　そもそも S + V and S + V. という文で、前の S + V を後の S + V の「理由」に読むことができるのかが問題になります。そこで、辞書を調べると、and のところに［原因・結果］という項目があり「それで、そのため、それだから」のような語義とともに He told her the truth and she wept.（彼は彼女に真実を話した。それで、彼女は泣いた）というような例文が挙げられています。この場合は and = and so です。

　これで and の問題はクリアできました。そこで、本文の and をこの読み方で読むと、「君たちは前に8回電話で呼び出されている。それで、今私をこのことで逮捕しようとしている」となります。しかし、特殊な事情がない限り、「前に8回電話で呼び出された」ことは「逮捕」の直接的な「理由」にはなりません（警察の決まりで「同じような事案で8回通報されたら、9回目は問答無用で逮捕する」というような特殊事情があれば直接的な理由になりますが）。そこで、その間に何らかの中間命題を入れる必要があります。この中間命題（= 2つの文の論理関係をつなぐ missing link）はいろいろ考えられますが、最も自然なのは「怒っている」でしょう。そこで、この中間命題を補ってシンプソンが言いたかったことを再現すると次のようになります。

「君たちは（同じような事件で）前に8回も電話で呼び出されて（頭にきて）いる。それで、今度はこれで俺を逮捕しようとしてるんだな？」

いかがでしょう。いかにもシンプソンが言いそうなことです。筆者は、シンプソンがこの発言をしたときの言い方を scoffed (バカにしたように言った) という語で表しています。この内容はまさに scoff (嘲笑) と言えます。それでは、これで正解でしょうか?

残念ながら、これではダメなのです。なぜなら、これでは「警官に逮捕を思いとどまらせるような内容」にならないからです。「逮捕を思いとどまらせる」どころか、これではまるで警官に喧嘩を売っているようなもので、こんなことを言われた警官は「意地でも今度はしょっぴいてやる」くらいに思うのではないでしょうか。いくら夫婦喧嘩直後で頭に血が上ったシンプソンでも、警官に向かってこんな愚かなことを言うはずはありません。

「譲歩」の検討

それでは、考え方を変えて「譲歩」を検討してみましょう。そもそも S + V and S + V. という文で、前の S + V を後の S + V の「譲歩」に読むことができるのかが問題になります。そこで、辞書を調べると、and のところに [対照] とか [対立的な内容を示して] という項目があり「そのくせ、にもかかわらず、それなのに」のような語義とともに He's rich, and he lives frugally. (彼は金持ちにもかかわらず、つましく暮らしている) というような例文が挙げられています。この場合は and = and yet です。

これで and の問題はクリアできました。そこで、本文の and をこの読み方で読むと、「前に8回電話で呼び出されているにもかかわらず、今私をこのことで逮捕しようとしている」となります。しかし、特殊な事情がない限り、「前に8回電話で呼び出された」ことは「逮捕」に対して直接的な「譲歩」にはなりません (警察の決まりで「同じような事案で8回電話で呼び出されたら、9回目はもう出動しない」というような特殊事情があれば直接的な譲歩になりますが)。そこで、

その間に何らかの中間命題を入れる必要があります。これがわかったとき (＝その中間命題がはっきりしたとき)、本当に読めたという実感がわくのです。その中間命題の見つけ方は、「譲歩」の場合は逆接の命題を設定してみることです。具体的にやってみましょう。

> ☞ (前の文に対して逆接の命題を設定する)
> 君たちは前に8回電話で呼び出されている**にもかかわらず、今度は電話で呼び出されず**、今君たちは私をこのことで逮捕しようとしている。

> ☞ (後の文に対して逆接の命題を設定する)
> 君たちは前に8回電話で呼び出されて、**逮捕していない にもかかわらず**、今君たちは私をこのことで逮捕しようとしている。

いかがでしょう。前者は事実関係が違います (今度も電話で呼び出されたのですから)。選ぶとしたら後者だ、ということがはっきりおわかりになると思います。ここまで大枠がわかれば、シンプソンが何を言いたかったのか、明瞭になります。さらに言葉を補って、シンプソンが言いたかったことを再現してみましょう。次のようになります。

「君たちは (同じような事件で) 前に8回も電話で呼び出されて (そのたびに逮捕なんかせずに引き上げて) いるのに、今度はこれで逮捕しようっていうのかい？(今度もこれまでと同じようなささいな痴話喧嘩なんだから、このまま帰った方がいいぜ)」

この内容は「1. いかにもシンプソンが言いそうなことです」「2.

scoff（嘲笑）と言って差し支えありません」そして、何よりも「3. 警官に逮捕を思いとどまらせるような内容になっています」。すべての条件を満たしているので、これが正解です。この部分を和訳すると次のようになります。

それから、彼は、警官を説得して、何とか逮捕を思いとどまらせようとした。「あんたたちはもう8回も電話で呼び出されているのに、今度はこれで俺を逮捕しようっていうのかい」と彼は嘲った。

中間命題

なお、ここで用いた「中間命題」という考え方については『英語リーディングの真実』p. 113 に次のように書いたことがあります。

英文の1文1文は正確に読めているのに、英文と英文のつながりがどうもスッキリしないので、気持ちが悪いのです。これはおそらく、英文と英文のあいだに飛躍があるために、論理的なつながりがわかりにくくなっているのです。こういう場合は、英文と英文のあいだに中間命題を入れると（自分で考えて入れるのです）、スッキリすることがよくあります。これも正確に読む（というよりも、ハラの底からわかったという実感を持つ）ための有力なテクニックです。

The police pointed to the bruises and cuts on his wife's face and told him to get dressed. Instead, he fled in his blue Bentley.

> 警官はニコールの顔に残された擦り傷や切り傷を指差して、シンプソンに服を着て同行するように命じた。シンプソンは、それに従う代わりに、自分の青いベントレーに乗り込むと、そのまま逃走した。

¶ 3 Simpson eventually admitted to a "mutual wrestling-type altercation" and pleaded guilty to a misdemeanor count of spousal battery, for which he received a wrist-slap fine and a brief stint of community service. He wanted to avoid a trial; the photos of a battered Nicole would not look good in the tabloids.

> 結局シンプソンは「妻と口論のすえ手を出した」ことを認め、配偶者を殴打したという軽犯罪法上の訴因に対して罪を認めた。これによって、彼は軽い罰金と短期間の社会奉仕活動の刑を受けた。裁判沙汰になることは避けたかった。殴られたニコールの顔写真がゴシップ紙に載ったら、みっともないことになるだろう。

plead guilty は「罪を認める」、misdemeanor は「微罪、軽罪」、count は「訴因」、spousal は「配偶者の」、battery は「殴打」という意味です。wrist-slap は slap a wrist (手首をぴしゃりと叩く) をひっくり返して形容詞に仕立てたもので、a wrist-slap fine は「(たとえて言えば) 手首をぴしゃっと叩くくらい (のダメージしか与えない小額) の罰金」という意味です。実際には、この罰金は 700 ドルでし

た。また、a brief stint of community service は 120 時間の社会奉仕活動でした。

¶ 4　Life returned to normal, if his life can be called that. Hertz kept him on as a spokesman after Nicole, who had not wanted to press charges, told Hertz executives, "This is a case of the media picking on a celebrity. We've never been more in love." Friends chose to forget.

　彼の生活は正常に戻った。もっとも彼の生活を正常と呼べるならの話ではあるが。レンタカー会社のハーツは彼を CM から降ろさなかった。告訴する気まではなかったニコールがハーツの幹部に「これはマスコミが有名人のゴシップをあることないこと書きたてる一例です。私たちは今までで一番愛し合っています」と言ったからだ。友人たちはこの事件を忘れることにした。

---

　charge は「告発、告訴」という意味で、この意味ではしばしば複数形で使います。press charges against him と言うと「彼を告発する、告訴する」という意味です。

　pick on ～ は「～を目の敵にする、～を繰り返しいじめる」という意味です。This is a case of the media picking on a celebrity. の picking は動名詞で of の目的語になっています。the media は「動名詞の意味上の主語」です。したがって a case of the media picking on a celebrity を直訳すると「メディアが有名人を目の敵にすること

の一事例」となります。

We've never been more in love. は「比較級を使って最上級の意味を表す構文」で「私たちは(今)より愛し合っていたことはこれまでにない → 私たちは(今が)これまでで一番愛し合っている」という意味です。

An Orange County battered-women's advocate, Sandy Condello, knew about the incident, but she still asked O. J. if he would appear at a celebrity golf tournament to raise money for the cause.

オレンジ郡被虐待女性支援活動の提唱者であるサンディ・コンデロは事件について知っていたが、それでも、活動資金を集めるための有名人ゴルフ大会に出てくれるように O. J. に頼んだ。

"He seemed genuinely appalled" by wife abuse, said Condello, "and so cordial and so charming." It was a triumph of denial.

彼は妻虐待に「本当に心を痛めているようでした。そして、とても思いやりがあって魅力的に見えました」とコンデロは言う。これこそ否定の勝利だった。

wife abuse は「シンプソンがやった、自分の妻への虐待」ではなく「(一般的な意味で) 夫が妻を虐待すること」を指しています。by wife abuse が Quotation Marks でくくられた部分の外にあるのは、Condello はこの言葉 (= by wife abuse) を言っておらず、筆者が補ったからです。and so cordial and so charming は He seemed genuinely appalled and so cordial and so charming. とつながります。したがって、so cordial and so charming は seemed の補語です。

It was a triumph of denial.

It は、直接的には、Condello がそのように語ったことを指しています。denial はシンプソンが妻殴打の事実についてしらを切り続けてきたことです。シンプソンの熱狂的ファンがシンプソンを弁護したのならいざしれず、Condello のような被虐待女性を擁護する運動の指導者までが、シンプソンを自分の運動のイベントに招聘し、あまつさえ、彼のことを so cordial and so charming (とても思いやりがあって魅力的) とまで評したのです。これを聞いた一般の人は、当然、彼のよからぬ評判 (= 妻に暴力を振るっているといううわさ) を一蹴し、「やっぱり O. J. はそんな人じゃなかった」と思うでしょう。これが a triumph of denial (否定の勝利) です。

triumph は victory や winning よりも大きな勝利を指す言葉です。Longman の辞書は a complete victory と説明しています。したがって、It が、Condello がそのように語ったことだけを指しているなら、a victory of denial とか a winning of denial でよいのです。ここで triumph という語を使ったのは、さらに大きく、Condello の言葉が一般人に与える影響までも It に含めているからだと考えられます。

> He even offered to help, though — ②<u>significantly, perhaps</u> — never did.

significantly, perhaps は never did に対する筆者の感想を挿入的に付け加えた部分です。そこで、その挿入部分を除くと「彼は(Condello の運動に)助力を申し出ることさえした。しかし(実際には)決して助力することはなかった」となります。これは事実を述べています。

5W1H

さて、significantly, perhaps (ことによると重要かもしれない) を考えてみましょう。「実際には決して助力しなかったことが、ことによると重要かもしれない」というのはどういうことでしょうか？ これがスッキリしない場合の Frame of Reference は 5W1H です。私は以前次のように書いたことがあります(『英語リーディングの真実』p. 69)。

英文を読んでいて、ある単語にスッキリしない思いを抱いたときは、意識的に、その単語について 5W1H を考えてみるのです。すると、霧が晴れるようにその単語の意味がわかることがよくあります。... 英語リーディングでは、5W1H の中で、特に「誰」と「いつ」と「どこで」の 3 つの視点を考えることが多いようです。そこで、この 3 つをそれぞれ「人的要素」「時間的要素」「場所的要素」と呼ぶことにします。

これを significantly にあてはめると「never did (シンプソンが被

虐待女性支援活動に実際には決して助力しなかった)という事実は『誰にとって』『いつ』『どこで』重要なのか」を考えるということです。この際、見落としてはならないのは、significantly, perhaps が He even offered to help の部分にかかっていないことです。つまり、筆者は、He even offered to help (=シンプソンが助力を申し出た事実) は (never did が重要になる『人的要素』『時間的要素』『場所的要素』で考えた場合)「重要ではない」と思っている (少なくとも「大して重要ではない」と思っている) のです。これはなぜだろうか？を合わせて考える必要があります。

いささか、わかりにくい説明になったので、再度簡潔にまとめると、要するに、筆者は「『シンプソンが助力を申し出たこと』は重要ではなく『シンプソンが助力を実行しなかったこと』が重要だ」と言っているのですが、それは「誰にとってなのか (人的要素)」「いつなのか (時間的要素)」「どこでなのか (場所的要素)」を意識的に考えるということです。もちろん、私は、いつでも (=どんな語にも) この3つの要素があると言っているのではありません。このうちの1つしかないこともありますし、3つともないこともあります。しかし、運よく1つでもわかれば、その語の真意 (=筆者が言いたかったこと) にぐっと近づけるのです。

それでは、人的要素から考えてみましょう。私 (=筆者) にとって重要かもしれない、と言っているのでしょうか？ それとも、シンプソンにとって？ 読者にとって？ あるいは、一般的に私たちにとって重要かもしれない、と言っているのでしょうか？

時間的要素をわかりやすくするために、人的要素を仮に「私 (=筆者)」ということにして考えてみましょう。この事実 (=シンプソンが、口では良いことを言うが、決して実行はしなかったこと) は、私 (=筆者) にとって、どういうときに重要なのでしょうか？ 私がシンプソンとつき合うときでしょうか？ それとも、私がシンプソンを誰

かに紹介するときでしょうか?

　場所的要素を考えてみると、次のようになります。この事実（＝シンプソンが、口では良いことを言うが、決して実行はしなかったこと）は、どういう場所で重要なのでしょうか? シンプソンの回りの白人社会で重要なのでしょうか? それとも、シンプソンが本来属しているはずの黒人社会で重要なのでしょうか?

　このように、詳しく解説すると、いかにも煩雑な作業を行うように見えますが、実際には、慣れてくると、ことさらに意識しなくても「誰にとって重要なんだ?」「どういうときに重要なんだ?」という疑問がふっと頭に浮かんできて、それを少し考えると、すぐに答えがわかるようになるのです。

　さて、それでは答えを言いましょう。人的要素は「私たちにとって」で、時間的要素は「シンプソンを評価するときに」です。これを加味して、本文を読むと次のようになります。

彼は (Condello の運動に) 助力を申し出ることさえした。しかし、ことによると (私たちにとって、シンプソンを評価するときに) 重要かもしれないのは、(実際には) 決して助力を実行しなかったことである。

　試訳では、これを次のように訳してみました。

> 彼は運動に支援を申し出ることさえした。しかし、おそらく重要なのは、彼はそれを決して実行しなかったことだ。

日本語に訳せば簡単?

ところで、この解説を読んだ人の中には、次のような感想を漏ら

す方がいます。

これは significantly, perhaps を「ことによると重要かもしれないのは」と読むから、わからないのであって、「おそらく重要なのは」と読めば、すぐに意味がわかるのではないか？

　これはその通りかもしれません。しかし、私が問題にしたいのは「どうしたら『おそらく重要なのは』と読むことができるか？（＝どうしたら『おそらく重要なのは』という日本語を思いつけるのか？）」ということなのです。運よく最初に「おそらく重要なのは」と読めばすぐに意味がわかるが、不幸にして「ことによると重要かもしれないのは」と読んでしまったら、もう何が言いたいのかわからなくなる、というのでは、本当に読解力があるとは言えません。『英語リーディングの真実』p. 88 に「英文を訳すときは、まず内容（＝その英文の言いたいこと）をしっかり考え、それがわかったら、その内容を正確に表現する日本語を作る、というのが本来の手順です。しかし、ともすると私たちは、何はともあれまず日本語に訳してみて、次に（英文ではなく）その日本文を読んで内容を考える、という逆のことをしがちです」と書きましたが、上の感想もその一例です。

¶ 5　Simpson continued to struggle with the "twoness" described by W.E.B. Du Bois in "The Souls of Black Folk" nearly a century ago — the higher he reached for trappings of the white world, the more he distanced himself from his beginnings.

> シンプソンは、W.E.B. デュボイスが1世紀近くも前に『黒人の魂』の中で指摘した「二重性」と闘い続けた。白人世界の虚飾を求めてより高く手を伸ばせば伸ばすほど、自分の出自からはますます遠ざかるのである。

"The Souls of Black Folk"

W.E.B. デュボイス (1868-1963) はアフリカ系アメリカ人として初めてハーバード大学から博士号を得た社会学者です。行動する社会学者としてアメリカの公民権運動を指導し、さらには世界中の人種差別撤廃に精力的に取り組みました。1903年に出版された *The Souls of Black Folk*『黒人の魂』は黒人論の古典的名著として、今日もなお読み継がれています。この本の第1章 "Of Our Spiritual Strivings"（我々の魂の闘い）の中にある次の一節は黒人問題を語るときしばしば引用される有名な言葉です。

One ever feels his twoness, — an American, a Negro: two souls. Two thoughts, two unreconciled strivings: two warring ideals in one dark body, whose dogged strength alone keeps it from being torn asunder.

The history of the American Negro is the history of this strife, — this longing to attain self-conscious manhood, to merge his double self into a better and truer self.

黒人は常に自己の二重性を感じている。すなわち、アメリカ人であることと黒人であること、二つの魂、二つの思想、二つの調和することのない向上への努力、そして、一つの黒い肉体の内部で葛藤

する二つの理想である。その肉体が持つ頑健な体力だけが、肉体の分裂を食い止めているのである。

アメリカ黒人の歴史は、この闘争の歴史である。すなわち、自我意識を持った人間になりたいというこの熱望、二重の自己をよりよい、より真実の自己に融合させたいというこの熱望なのである。

本文の Simpson continued to struggle with the "twoness" は上記デュボイスの言葉を下敷きにしています。

The 比較級 ..., the 比較級 ....

The higher 以下は「The 比較級 ..., the 比較級 〜. (...すればするほど、ますます〜)」の構文です。この reached は自動詞で、reach for 〜 で「〜を取ろうと手を伸ばす」という意味です。したがって、the higher he reached for trappings of the white world は「白人世界の虚飾を手に入れようと、より高く手を伸ばせば伸ばすほど」という意味になります。reach が「到着する」という意味を表すのは他動詞のときです。higher は副詞の比較級です。

Other blacks resented him for it. Simpson often appeared at tony charity events and had visited so many sick kids in the hospital that he began referring to himself as "the Angel of Death."

他の黒人たちはそのことで彼に腹を立てていた。シンプソンはしゃれ

> たチャリティイベントにはよく顔を出した。たくさんの病気の子供たちを病院に見舞ったので、彼は自分のことを「死の天使」と呼び始めた。

"the Angel of Death" に関する疑問

　and 以下を直訳すると「(シンプソンは) たくさんの病気の子供たちを病院に見舞ったので、彼は自分のことを『死の天使』と呼び始めた」となります。この和訳は、構文も正しく捉えていますし、事柄の把握も間違っていません。したがって「これで完全に読めた」として疑問を感じない人もたくさんいます。しかし、中には、どこか釈然としない (＝完全にわかったという実感が持てない) 人がいます。こういう人は「シンプソンは、なぜ自分のことを『死の天使』などと呼び始めたのだろう？」と疑問に思うのです。この疑問をもう少し詳しく言うとこうなります。

　シンプソンが見舞った病気の子供たちは、重病で、シンプソンの見舞いを受けて激励してもらったにもかかわらず、その後、不幸にして帰らぬ人になるケースが多かったのだろう。そうでなければ、シンプソンが自分のことを「死の天使」などと呼ぶわけがない。しかし、たとえそうだとしても、シンプソンのような自意識過剰な男が、自分のことを、はたして「死の天使」などという蔑称で呼ぶだろうか？

　これについて、論理的に納得のいく解答を求めて、いろいろな可能性を考えてみます。いわく「自分が見舞った子供が、その後死んでしまうケースがあまりにも多いので、自虐的になったのかもしれない」あるいは「一種のブラックジョークかな」といった具合です。

このように、釈然としない箇所を徹底的に考えるのは、読解力を伸ばす秘訣で、とてもいいことです。たとえ自分の力で正解にたどりつけなくても、ぎりぎりまで考えたすえに正解を見た人は、そこから何らかの教訓（＝考え方のコツのようなもの）を汲み取るはずです。この積み重ねが次第に読解力を磨いていくのです。

自分の確信を疑う

　読解の隘路（あいろ）で行き詰ったとき、しばしば有効なのは、今のデッドロックを構成している複数の要素を１つずつ疑ってみることです。自分で自分の確信に揺さぶりをかけるのです。「本当に〜でいいだろうか？」と、自分が当然としていることを意識的に疑うのです。

　具体的にやってみましょう。「自意識過剰なシンプソンが自分で自分のことを蔑称で呼ぶのはおかしい」というのが今のデッドロックです。このデッドロックを構成している要素は「自意識過剰」と「蔑称」です。この２つが相容れないのでデッドロックになるのです。そこで「本当にシンプソンは自意識過剰なのだろうか？」「本当に死の天使は蔑称なのだろうか？」と疑ってみるのです。

　この記事をここまで読んだだけでも、シンプソンの横暴な性格、スターに特有の身勝手さなどが感じ取れます。この後を読み進むと、シンプソンの虚飾に満ちた生活ぶりがさらに明らかになります。やはり、シンプソンは「自分を大きく見せたい、うぬぼれ屋」と考えて間違いないようです。だとすると、考えられるのは「死の天使」は蔑称ではないという可能性です。もし、「死の天使」は蔑称どころか誉め言葉だ、とでもいうことになれば、自分を大きく見せたいシンプソンがそう自称するのも「むべなるかな」で、一挙に疑問は解消します。そこで、この方向で the Angel of Death を調べることになります。

the Angel of Death は蔑称か尊称か？

ところで、なぜ the Angel of Death は直感的に蔑称と感じられるのでしょうか。それは（少なくとも、我々日本人は）この言葉を犯罪に関連して聞くことが多いからです。たとえば、古くはアウシュビッツ絶滅収容所でユダヤ人虐殺に携わったナチ親衛隊の医師ヨーゼフ・メンゲレが「死の天使」と呼ばれたのは有名です。最近では1980年代前半に40人以上もの乳幼児に筋弛緩薬を注射して殺害したとされるテキサス州の看護士ジニーン・ジョーンズが「死の天使」と呼ばれました。実際、インターネットには Angel of Death may refer to a specific type of serial killer, typically in healthcare.（死の天使は、医療の分野でよく見られる、ある特定のタイプの連続殺人犯を指す場合がある）と説明しているサイトもあるくらいです。

しかし、本来 the Angel of Death は宗教用語です。Angel（天使）というのは、キリスト教、ユダヤ教、イスラム教の聖典に登場する「神の使い」で、いろいろな役目の天使がいます。その中で、特に「人に死を宣告し、来世に連れていく役目をする天使」を the Angel of Death と言います。人は本能的に死を嫌うので、the Angel of Death も何となく好ましくないイメージ（= a negative image）で捉えがちですが、本来は悪魔のような悪い存在ではなく、死に瀕した人間を来世へと案内する良い存在（= a positive existence）なのです。ですから、シンプソンが自分を the Angel of Death と呼んだのも、幼くして死んでいく子供たちの元を訪れて励ます自分の役回りを、聖書に登場する「死の天使」になぞらえたからで、決して自分を卑下したり、悪い冗談で言っているのではないのです。むしろ、人間である自分を神の使いである天使と呼ぶのは、普通の感覚では気恥ずかしくてできないことで、シンプソンがこのように自称するのは、意図的ではないにしても、自分を大きく見せたいという彼の潜在的

な性格が表に出ていると考えても悪く取りすぎではないと思います。以上のような次第で、この文の筆者は「(シンプソンは)たくさんの、病気(で末期的状態)の子供たちを病院に見舞ったので、彼は自分のことを(大それたことに、神の使いである)『死の天使』と(まで)呼び始めた」というニュアンスで、この文を書いたのです。

But he did not give much back to African American causes. He would promise to appear at community centers or youth programs in South-Central Los Angeles, then bow out at the last moment.

しかし、アフリカ系アメリカ人の運動にはあまり熱心でなかった。彼はロサンジェルスのサウス・セントラル地区にある公民館や青少年向けの催しに出席を約束しておきながら、ぎりぎりになって断ることがよくあった。

---

give back = return なので、この文を直訳すると「しかし、彼はアフリカ系アメリカ人の運動にはあまり多くを返さなかった」となります。筆者が give back という表現を使ったのは、シンプソン自身が an African American だからです。

would は「過去の不規則な習慣」を表す用法です。South-Central Los Angeles はロサンジェルスのサウス・セントラル地区です。ロサンジェルスの中でもアフリカ系アメリカ人が多く住む地域です。bow out は「お辞儀をして立ち去る」という原義から「辞退する」

という意味でも使われます。本文は後者の意味でbow out at the last moment は「ドタキャンする (＝土壇場でキャンセルする)」という意味です。

> **He spent far more time at the Riviera Country Club, an almost-all-white bastion of glitz (initiation fee: $75,000), where he spent long days playing gin rummy and golf with an assortment of old USC boosters and showbiz execs.**

それよりずっと多くの時間をリビエラ・カントリークラブで過ごした。ここは白人メンバーがほとんどを占める華美の牙城のようなところで (入会金は 75000 ドル)、シンプソンはそこで昔からの USC の後援者や興行界の顔役たちの集まりに混じって日がな一日ジンラミーやゴルフをしていた。

where は関係副詞で、先行詞は the Riviera Country Club です。したがって、where は at the Riviera Country Club (そのリビエラ・カントリークラブで) という意味です。he spent long days playing 〜 は he spent long days in playing 〜 から in が省略された形です。spend a long day in -ing は「一日中〜して過ごす」という意味で、day が複数形になっているのは、そういう過ごし方をした日が何日もあるからです。

gin rummy は 2 人で遊ぶトランプ (英語では card game あるいは cards といいます) のゲームです。assortment は「詰め合わせ物」と

いう原義から、ここでは「いろいろな人の集まり」を意味しています。booster は「熱心な支持者、後援者」で、USC boosters は「USC (＝University of Southern California、南カリフォルニア大学) を後援している人たち」です。たとえば、卒業生で社会に出て成功し母校に巨額の寄付をしているような有力者が考えられます。それに old がついているのは「年寄りの」という意味ではなく「長年の、昔からの」という意味です。longtime USC boosters と言っても同じです。シンプソンは USC の卒業生でスーパースターですから、同窓会の有力者と親しい交際をしていたのでしょう。

"That whole golfing country-club s--t was really tripping," said an NBA player who knows Simpson. "I mean, Barkley and Jordan do it, but when you follow them home, they still got En Vogue pumping on the stereo and ribs in the oven. O. J. really thought he was white."

「あの、くそゴルフクラブときたら、クラブ丸ごと本当に頭がイカレテたぜ」と、シンプソンを知る、ある NBA の選手が言う。「つまり、こういうことだ。そりゃバークレイやジョーダンも白人と一緒になって遊ぶさ。でも、彼らの家についていったら、そこではやっぱりアンヴォーグがステレオでガンガン鳴っていて、オーブンの中にはリブがある。ところが、O. J. ときたら、自分が白人だとマジで思い込んでいたんだ。」

That whole golfing country-club s--t was really tripping,

s--t はいわゆる four letter words（汚い俗語）の 1 つである shit（糞）です。この発言者（= シンプソンを知っている、ある NBA の選手）は、教養がないか、よほどこのゴルフクラブを嫌悪しているか（おそらく、その両方）で shit という語を使ったのです。しかし、Newsweek 誌としては、そのままこの下卑た語を印刷するわけにはいかないので、s--t と伏字にしたのです。

trip には「(麻薬で) 幻覚体験をする」という意味があります。この意味の trip は完全自動詞（= 第 1 文型を作る動詞）で、通常は進行形で用いられます。was really tripping は過去進行形で「本当に幻覚体験をしていた」という意味です。really とは言っていますが、もちろん、ゴルフクラブという会員組織自体が麻薬を吸引することはできませんから、この表現は metaphor（隠喩）で、「会員、従業員を含めてクラブ全体が、まるで本当に麻薬でもやっているかのように、正気を失っていた（= 常軌を逸していた）」という意味です。

I mean

I mean は、自分の今言ったこと（= That whole golfing country-club s--t was really tripping）が漠然としていて、直接シンプソンとつながらないので、シンプソンのところに焦点を合わせて、具体化したのです。「(俺は今「あのクラブは正気を失っていた」と言ったけど) つまり、それはこういうことさ。(O. J. は自分が白人だとマジで思っていたんだ)」くらいの意味です。このような論理構造ですから、I mean に直接つながるのは（= was really tripping を具体化した部分は）O. J. really thought he was white. の部分です。間に入った Barkley and Jordan ... in the oven. は、O. J. really thought he was white が was really tripping の具体化であること（= シンプソンがいかに普通の黒

人とは違う、まるで麻薬でラリっているかのような、常軌を逸した考え方をしていたか）をはっきりさせるために、通常の黒人選手の例（それもシンプソン級のスタープレーヤー）を比較対象として挙げたのです。

Barkley and Jordan do it

Barkley は Charles Barkley のことで、Jordan は Michael Jordan です。2人とも NBA（＝National Basketball Association）のスーパースターで、特に Michael Jordan は「バスケットボールの神様」とまで呼ばれています。do it の it は「白人と友だちつきあいをするシンプソンの行動」を漠然と指していて、do it をパラフレーズすれば act in the same way くらいになります。そして、会話でもあり、また、文脈からはっきりわかりもするので、言葉に出してはいませんが、論理的には do it の後に「, too」をつけるべきです。つまり、この部分は Barkley and Jordan do it, too（バークレイとジョーダンもシンプソンと同じような行動をする＝バークレイとジョーダンもシンプソンと同じように白人と一緒に遊んだりする）という意味です。

got は過去形？

they still got の got は、形は過去形に見えますが、過去の意味を表しているわけではありません。ここは they've still got から 've が省略された形です。I got two women. ⇒ I've got two women. ⇒ I have two women. だったのと同様に、they still got ⇒ they've still got ⇒ they still have なのです。結局、この got は have と同じ意味を表しているわけです。ただし、この場合の have（すなわち、have got＝have となる場合の have）は「所有」を表すとされています。ところが、この文では形式的（＝構造的＝文法的）には「使役（have + O + -ing の形）」で使われています。それは、形式的には使役構文でも、

使役の意味が感じられないからです。たとえば I have two buttons missing on my jacket.（上着のボタンが2つ取れている）のような文は、形式的には使役構文でも、使役の意味はないので、I've got two buttons missing on my jacket. さらには I got two buttons missing on my jacket. と言うことがあります（ただし、後にいくほどくだけた言葉遣いになります）。本文は、これと同じです。

they still got En Vogue pumping は、got = have で、En Vogue が目的語、pumping が補語です。En Vogue はアフリカ系アメリカ人の女性4人による R & B（= Rhythm and Blues）のコーラスグループです。pump は「（音楽が大きな音で）かかる」という意味で、pump out とも言います。they still got En Vogue pumping on the stereo は「依然として、ステレオにはアンヴォーグが大音量でかかっている」という意味です。ここで、still（依然として）と言っているのは、「外では白人と変わらぬ行動をとっていても、家庭では依然として黒人の生活様式を変えていない」という意味です。

ribs in the oven は they still got ribs in the oven とつながります。got = have で、ribs が目的語、in the oven は got（= have）にかけてもいいですし、補語と考えることもできます。「そして、オーブンにはリブが入っている」という意味です。rib は「骨つきのあばら肉の切り身」で、肉としては安価な部位です。ここは「外では大金を使って派手な生活をしていても、依然として、家では、出自（= 貧しい黒人家庭の出身）が顔を出して、リブのような安い肉料理を好んで食べている」と言いたいのです。

O. J. really thought he was white.

文頭（= O. J. の前）に But を置くと論理関係がはっきりします。さらに、この文の前に But O. J. is different from them. という文を置いて「しかし、O. J. はこの2人とは違う。やつは、自分は白人だと

マジで思っていたんだ」のように言えば、もっと明瞭になります。

> ¶ 6 At the same time, he had to put up with white condescension. Tom Kelly, a longtime Riviera member, recalled to The Washington Post how he would tease Simpson about ③<u>USC's poor basketball teams</u>.

同時に彼は白人からの侮蔑にも耐えなければならなかった。昔からのリビエラの会員、トム・ケリーは、ワシントンポスト紙に、USCの弱いバスケットボールチームのことでしばしばシンプソンをからかったことを回想した。

At the same time

この文の前には、黒人がシンプソンの白人かぶれを非難した言葉が紹介されていました。それでは、シンプソンは白人社会に受け入れられて、白人の間では高い評価を受けていたかというと、必ずしもそういうわけではありません。白人から侮辱されることもありました。そこで、筆者は At the same time「同時に (彼は白人からの侮蔑にも耐えなければならなかった)」と言ったのです。

なぜ teams は複数形なのか？

通常 USC's basketball team (USCのバスケットボールチーム) と言ったらUSCの代表チームのことで、代表チームは1チームのはず

です。それなのに、なぜここは teams と複数形になっているのでしょうか？ USC は大きな大学ですから、正式な代表チームの他に、バスケットボール愛好会のチームのようなものがたくさんあって、それらがおしなべて弱いので USC's poor basketball teams と言ったのでしょうか。それにしても何か釈然としないと思いませんか？ こういう人は、この英文中の、ある1語が目に入っていないのです。その語を軽視しないで、きちんと考えれば teams の謎は解けます。それがどの語かわかりますか？

　その「ある1語」というのは would です。この would は「過去の不規則な習慣」を表す would で、he would tease Simpson about USC's poor basketball teams は「彼は、USC の弱いバスケットボールチームを種に、シンプソンをよくからかったものだった」という意味です。つまり、この「からかい」は1度だけではなく、何度もなされているのです。おそらく、バスケットボールの全米大学選手権で USC は低迷を続けていて、毎年シーズンが終わるたびに、その年の不成績を種にして、シンプソンを同じような冗談でからかっていたのです。これでおわかりだと思いますが、USC's poor basketball teams の中身は「USC の代表チーム」で、これはいつの年度でも1チームなのです。これが複数になっているのは、毎年その年の代表チームを話題にしているので、仮に5年連続でこの冗談を言ったとしたら、冗談の種になった代表チームは全部で5チームになるからです。

"I told O. J., 'If you would just wander down into the ghetto and find a seven-foot-tall black kid ④<u>who could get the benefit of a USC education!</u> But you don't even know where blacks live anymore!' And O. J. would say,

Part 2 ● Newsweek の社会記事を読む ● 2

'You sonuvabitch!'"

「『ひとつ君がスラムの中へぶらぶら入っていって、USC に入れば恩恵を受けられそうな身長 7 フィートの若者を見つけてくれませんかねえ。でも、もう君は黒人がどこに住んでるかも知らないんだろう』と言ったんだ。そしたら、O. J. はよく言ったもんさ。『こん畜生め！』ってね。」

if S would V

if S would V は「もし S が V するつもりなら、もし S が V してくださる (おつもりがある) なら」という意味を表します。たとえば、I'd be most grateful if you would help me.「もしあなたが助けてくださる (おつもりがある) なら、大変ありがたいのですが」のような具合です。この文の場合、主節 (= I'd be most grateful) を省略して、従属節だけで依頼や願望を表すこともできます。すると If you would help me. (あなたが助けてくだされ ばいいのですが) となります。この表現では、しばしば only や just が一緒に用いられます。たとえば、If only you would help me !（あなたが助けてくださりさえすればなあ）とか If you would just help me.（ひとつ私を助けていただけますでしょうか）といった具合です。本文は、この最後の例と同じ形です。

He drove down to the hotel. (彼はホテルの方へ車で行った) と言った場合の down は「話し手から離れる」ことを表す副詞で、必ずしも高低 (たとえば位置の高低や価値の高低など) とは関係ありません。

しかし、wander down into the ghetto の down は、downtown と同じ意味で、「下町の方へ」という方向を示す副詞で使われています。ghetto は、この文では「黒人が住む人口過密なスラム街」の意味です。one foot は 30.48 cm ですから、a seven-foot-tall black kid は「身長 213.36 cm の黒人の少年 ⇒ 身長 2 メートルを超える黒人少年」となります。

who could get the benefit of a USC education は誤解しやすい

who could get the benefit of a USC education は誤解しやすい箇所です。辞書で benefit を調べると「利益、恩恵」という訳語が出ていて、have the benefit of education といった例が挙げられ、「教育の恩恵を受ける」のような日本文がついています。そこで、本文も「USC の教育の恩恵を受けられるであろう (身長 2 メートルを超える黒人少年)」と読んで、それで済ませてしまうのです。

問題は「USC の教育の恩恵を受けられる、とはどういうことか」です。USC は全米有数の名門大学で、USC の教育自体が普通の人にはなかなか受けられないものです。まして ghetto に住んでいる黒人少年にとっては通常は「全く無縁なもの」でしょう。そのために、自然と「USC の教育＝恩恵」と感じられます。その結果、無意識にこの文を「USC の教育という恩恵を受けられる」という意味にとってしまうのです。この意味でとると「USC の教育の恩恵を受けられるであろう」は「(a basketball scholarship＝バスケットボール奨学金でも受けて) USC に入学して勉強できる機会が得られるであろう (身長 2 メートルを超える黒人少年)」という意味になります。この読み方は get the benefit of a USC education の of を「同格の of」と取って「USC の教育という恩恵を得る」と読んでいるのです。

get the benefit of ～ の意味

しかし、この読み方は間違いです。なぜなら get the benefit of ～（～の利益を得る）というのは「～がもたらす利益を得る」という意味だからです (cf. p. 122)。たとえば、*Collins Cobuild English Language Dictionary* で調べてみると、次のように出ています。

If you have the benefit of something, you are able to use it so that you can achieve something else.

are able to use it so that you can achieve something else は「何か別のものを得られるように、それ（= something）を使える」という意味で、視点を変えれば「something を使って、何か別のものを得られるようにする」ということです。この定義から the benefit と something が別物であることがはっきりわかります。

たとえば get the benefit of a rise in the market は「市場価格が上昇し、そこから利益を得る ⇒ 市価の上昇で利益を得る」という意味です。あるいは、The benefit of the doubt must always go to the accused. という文があります。これは「疑わしきは常に被告人の利益に（なるように解釈しなければならない）」という意味ですが、この the benefit of the doubt を *Webster* 大辞典は次のように定義しています。

the advantage derived from doubt about guilt, a possible error, or the weight of evidence
「有罪や過失の可能性あるいは証拠価値などに疑いが生じた場合、それから得られる有利な立場」

この定義を読めば the benefit と the doubt が別物であることがはっきりわかります。通常の辞書の例文は have the benefit of education のように、それ自体が利益であると感じられるもの（この場合は education）が〜に来ていて、しかも of を単純に「〜の」と訳しているので、無意識に「the benefit =〜」と考えてしまうのです。

正解は

さて、以上のような次第で、get the benefit of a USC education は「USC の教育がもたらす恩恵を受けられる ⇒ USC の教育から恩恵を受けられる」という意味なのです。この場合は「USC の教育 ≠ 恩恵」で、恩恵は「USC の教育から得られる、何か別のもの」です。それは何でしょうか？ 個別具体的にはいろいろ考えられますが、最大公約数的に言えば「現在の貧しい生活からの脱却」でしょう。簡単に言えば「生活を変えられる」ということです。したがって、本文は字面を訳すと「USC の教育から恩恵を受けられるであろう（身長2メートルを超える黒人少年）」となりますが、内容をはっきり出すと「USC の教育を受ければ生活を変えられるであろう（身長2メートルを超える黒人少年）」という意味になります。

限定用法か非限定用法か

さて、これでこの部分の疑問点はほぼ解消しました。しかし、中にはさらにもう一点気にかかる人がいます。それは who could get the benefit of a USC education の who は限定用法なのか非限定用法なのかという点です。実は、この疑問は、印刷されたものを読んでいるので生じる疑問で、実際の会話ではほとんど問題にならないのです。なぜなら、関係詞が非限定用法として使われるのは書き言葉の場合にほぼ限られ、会話では関係詞は原則として限定用法だからです。

これで結論は出ていて、これ以上の議論は煩瑣なだけとも言えるのですが、限定、非限定は書き言葉では重要な問題なので、ここで少し解説しておきましょう。

「有権者」といえば「選挙権を持つすべての人」を指しますが、「女性の有権者」というと、男性の有権者は排除されます。つまり、「女性の」という形容詞によって有権者の範囲は限定された（＝狭められた）わけです。このように「被修飾語の範囲を限定する修飾要素」を限定的修飾要素（あるいは制限的修飾要素）と呼びます。それでは、選挙の候補者が「賢明な有権者の皆さん、私の話を聞いてください」と言った場合はどうでしょうか？ 有権者を「賢明な有権者」と「賢明ならざる有権者」に分けて、後者は相手にしないという趣旨でしょうか。そんなはずはありません。そんなことを言ったら落選してしまいます。これは「有権者の皆さん、皆さんはみんな賢明な判断力をお持ちですよね、そういう賢明な有権者の皆さんに私は話を聞いていただきたいのです」という意味のはずです。この場合「賢明な」は有権者の範囲を限定せず、有権者の属性を説明しているだけです。このように「被修飾語の範囲を限定しない修飾要素」を非限定的修飾要素（あるいは非制限的修飾要素）と呼びます。

そして、関係詞節（＝関係詞が作る従属節）が限定的修飾要素になっている場合（＝先行詞の範囲が関係詞節によって狭められている場合）、その関係詞の使い方を限定用法と呼び、関係詞節が非限定的修飾要素になっている場合（＝先行詞の範囲が関係詞節によって狭められていない場合）、その関係詞の使い方を非限定用法と呼ぶのです。

ところで、ここから先は我々のような実践家にはあまり関係のない話なのですが、一般に英文法では、「修飾」という言葉を「限定」という言葉と同義で使っていて、限定機能を果たしていない要素は

修飾要素とは呼ばないようなのです。すると、非限定用法で使われた関係詞が作る関係詞節は修飾要素ではないことになります。実際、文法書にはそう書いてあります。それどころか「非限定用法で使われた関係詞が作る関係詞節は、主節に従属していないので従属節ではない、独立節だ」と説く文法書もたくさんあるのです。この考え方を貫徹すると「賢明な有権者の皆さん」の「賢明な」は修飾要素ではないことになります。私の意見では、この枠組みは confusing です。私は、名詞（動詞でも形容詞でも副詞でも基本的に同じです）の状態を直接（＝他の言葉を媒介とせずに）「説明」している要素はすべて「修飾」要素と呼び（補語は「動詞を媒介にして名詞の状態を説明する要素」なので修飾要素ではありません）、その説明が限定機能を果たしていれば「限定的修飾」要素、限定機能を果たしていなければ「非限定的修飾」要素と呼んでいます。学問的にはこのような言い方をしないのでしょうが、実践家にとってはこの方がわかりやすいと思うのです。読者の皆さんは、このことをお含みの上で、本文の説明を読んでください。

この視点から a seven-foot-tall black kid who could get the benefit of a USC education を考えると、seven-foot-tall が限定的修飾要素であることは疑いありません。それでは who could get the benefit of a USC education はどうでしょうか？ もし限定的修飾要素だとすると、黒人少年には、USC の教育を受ければ恩恵が得られる少年と USC の教育を受けても恩恵を得られない少年がいて、前者の少年を見つけてくれないか（もちろん身長は2メートルを超えている必要があります）と言っていることになります。この場合の「USC の教育を受けても恩恵を得られない少年」というのは「もともと家庭が裕福で、USC を出たからと言って、特に恩恵（＝現在の貧しい生活

からの脱却）を得るわけではない少年」という意味です。それに対して、非限定的修飾要素だとすると、黒人少年はみな例外なく貧しい恵まれない境遇にあり、したがってUSCの教育を受ければ恩恵が得られるのであり、そういう境遇にある黒人少年の中から身長2メートルを超える子を見つけてくれないか、と言っていることになります。

　ghettoで暮らす黒人少年は全員が貧しい恵まれない境遇にあり、USCの教育を受ければ恩恵が得られるのが現実です。したがって、事実関係だけで考えれば、この形容詞節は非限定的修飾要素です。しかし、発言者（＝人種にからんだ冗談を言ってO.J.をからかっている人）の意識としては、このghettoの実情を十分承知の上で、言葉の上では、あえて限定的に「身長が2メートルを超えていて、しかも家が貧しく、USCの教育を受けたら恩恵が得られるような少年を見つけてくれないか」と言ったのです。というよりも、会話ですから、関係詞を非限定的に使おうなどという意識が初めからないのです。

　なお、この問題について「関係代名詞（この場合はwho）の前にコンマがないのだから限定用法に決まっている」と考える人がいます。しかし、限定・非限定はコンマの有無のような「形式」で100％決まるものではありません。コンマがなくても非限定用法である場合はいくらでもあります。これは、あくまでも事実関係や話者の心理から考えるべき問題なのです。

O. J. would say, 'You sonuvabitch!'

　このwouldは「過去の不規則な習慣」を表すwouldです。つまり、O. J.は、ここに紹介された冗談を1度だけ言われて、そのときYou sonuvabitch! と1度言ったのではなく、ここに紹介された（ような）冗談を何回も言われたことがあり（前にhe would tease Simpson about USC's poor basketball teams と書いてあります）、そういうとき「O. J. は、よく You sonuvabitch! と言ったものだった」という意味です。sonuvabitch は son of a bitch（こん畜生）です。

> ¶ 7　O. J. would smile when he said that. "On the golf course, when someone makes a racial joke, if you get upset and angry it threatens your position in that world," says Dr. Alvin Poussaint, professor of psychiatry at Harvard Medical School. "⑤It's a classic story in the history of our country. What's underneath the darkies' smile?"

⑤は最も難しい箇所です

　通常、難しい箇所は関門が1箇所ですが、下線部⑤は関門が2箇所あります。関門が1つと2つでは全く難しさが違います。関門が1つの場合には、いろいろ試行錯誤しているうちに正解を思いつくと、その他のもやもやしていた部分を覆っていた霧が一瞬にして晴れ、全体の意味が明瞭になるので、それが正解だとはっきりわかります。ところが、関門が2つの場合は、たまたま1つの関門の正解に行き着いても、もう1つの関門がネックになって、一瞬にして全体の霧が晴れるということが起こりません。それで、せっかくたどり着いた正解を「それが正解だ」と認識できず、また試行錯誤に戻ってしまい、いつまでもさまよい続ける（＝正確に読めない）ということが起こるのです。下線部⑤はまさにこの悪循環に陥りやすいという点で、この文章中で最も難しい箇所です。

　「それはこの国の歴史における古典的な話だ。黒人の笑顔の下に何

があるのか?」のように字面を訳すことは誰にでもできますが、この英文の真意をつかめる人は多くはないと思います。ここでいきなり正解を言うのは簡単ですが、多くの方にとって、正解はあまりにも予想外なので、にわかに受け入れ難い可能性があります。そこで、あせらず、ゆっくり落ち着いて分析していくことにしましょう。

ゴルフ場でのやりとり

この一節は、O.J.が人種にからんだ冗談でからかわれたとき、笑って「こん畜生め!」と言ったことについてのポウサント博士のコメントです。まず、ポウサント博士は「ゴルフ場で誰かが人種にからんだ冗談を言ったとき、それに腹を立てたら、あの世界では立場を失いかねない」と指摘します。

別にゴルフ場でなくても、白人と黒人が一緒に遊びをしている状況なら何でもいいのですが、多分O.J.がリビエラ・カントリークラブに入り浸っていたという話をNewsweekの記者から聞いたので「ゴルフ場」と言ったのでしょう。もちろん、このゴルフ場はリビエラ・カントリークラブのような高級ゴルフ場で、メンバーはhigh societyに属するrichなエリートばかりです。

黒人が自虐ネタで冗談を飛ばすこともありえなくはないですが、この文脈では「(冗談を言った)誰か」は白人と考えるのが自然です。

この第1文は「仮にあなたが黒人だったとして」という設定で話をしています。したがってif you get upset and angryのyouは「(白人と一緒にゴルフをしている)黒人のメンバー」です。

threatens your positionは「仲間に入れなくなる」ということです。in that worldはずばり「アメリカの上流社会に属するエリートたちの集まり」です。

さて、ポウサント博士がこの指摘によって言いたかったのは「だからO.J.が(自分の立場を維持するために)笑ったのは当然だ」とい

うことです。

It's a classic story in the history of our country.

この文については次の 2 点が問題になります。

1. It は何を指しているのか。
2. classic はどういう意味か。

この他にも「何についての story なのか」とか「a classic story と in the history of our country はどういう関係にあるのか」などの疑問がわいてくるのですが、これらは classic の意味がわかれば自動的に解消します。そこで、この 2 点を検討してみましょう。

It は何を指しているのか？

It が後ろを指す形として文法書に出ているのは次の 3 つです。

It is natural that O. J. should have smiled.
「O. J. が笑ったのは当然だ」

これは「仮主語―真主語の構文」です。この他に「仮目的語―真目的語の構文」もあります。

Though she wouldn't admit it, she was very disappointed.
「どうしても認めようとしなかったが、彼女はとてもがっかりしていた」

これは後に出てくる主節の内容を、先に従属節内の it が受けています。逆に、後に出てくる従属節の内容を、先に主節内の it が受け

It's a nasty business, this personnel management.
「これは嫌な仕事だよ、この人事管理ってのは」

　これは It が文末に置かれた名詞を指しています。
　本文は形式的には上のどれにもあてはまりません。そこで、前を受けていると考えることになります。すると、It は「ゴルフ場でのやりとり」を指していることになります。

classic の意味は？

　「形容詞 + 名詞 in the history of our country」という表現は、形容詞が最上級になっていることが多く、その場合には何の違和感も生じません。たとえば、the worst president in the history of our country（わが国の歴史において最悪の大統領）のような具合です。形容詞が最上級でない場合には、名詞が moment, time, day, period など時間を表す名詞のことが多く、この場合もすんなり理解できます。たとえば、a very special day in the history of our country（わが国の歴史で極めて特別な日）とか a critical period in the history of our country（わが国の歴史で危機的な時期）といった具合です。

　a classic story in the history of our country は、このどちらでもないので、何となく釈然としないのです。これは classic の意味がわかっていないことが原因です。この classic は「昔から繰り返されてきた」という意味です。つまり a classic story in the history of our country は「わが国の歴史で昔から繰り返されてきた話」という意味で、英語で言い換えると a story repeated again and again through the history of our country です。

　こう考えると「何についての story なのか」という疑問も解消し

ます。この story は「事、出来事」という意味で、何か特定のテーマについての「話」ではないのです。たとえば、日本語でも、何かひどい事件の報道に接したとき「いや、ひどい話だよ、こりゃ」と言いますが、この「話」と同じです。結局、この文は「それは、わが国の歴史で昔から繰り返されてきた事だ」という意味です。

What's underneath the darkies' smile? の2つの読み方

この疑問文は、次の2つの読み方が考えられます。この2つはどちらも「ゴルフ場で人種にからんだ冗談を聞いた黒人が笑うのは自分の立場を守るためで、本心では怒っているのだ」ということを前提にしています。

(解釈1)

ポウサント博士はゴルフ場のやりとりを紹介して、O.J. が笑ったのは無理もないということを示唆します。次に、このゴルフ場のやりとりを古典的な話（＝昔から繰り返されてきた事）だと評します。最後に、黒人が本当は心の中で怒っていることがわかるかい、という趣旨で「ところで、黒人の笑顔の下に何があるか、わかるかい？」と Newsweek の記者に尋ねた。

(解釈2)

ポウサント博士はゴルフ場のやりとりを紹介して、O.J. が笑ったのは無理もないということを示唆します。次に、このゴルフ場のやりとりを古典的な話（＝昔から繰り返されてきた事）だと評します。最後にゴルフ場のやりとりを「一言で言えば、黒人の笑顔の下に何があるか、っていう話さ」と総括した。

この2番目は少しひねった読み方です。「ゴルフ場のやり取り ⇒ 黒人は本心を隠して笑わなければならない ⇒ 黒人の笑顔の下にあるのは何か？」という転換を行い、初めの「ゴルフ場のやりとり」を「黒人の笑顔の下に何があるか？」という疑問文で総括した、という解釈です。

What's underneath the darkies' smile? はポウサント博士の言葉ではない！

読者の皆さんも、このどちらかの解釈をした方が多いのではないでしょうか。しかし、残念ながら、この読み方はどちらも誤りです。それは、この文の中の「ある1語」からはっきりわかります。

それは darkies' です。これと professor of psychiatry at Harvard Medical School を照らし合わせれば、What's underneath the darkies' smile? がポウサント博士の言葉でないことは明らかです。その理由は簡単です。darkies などという差別用語をハーバード大学メディカル・スクールの精神科教授が使うわけがないからです。darkie は African Americans を指す非常に侮蔑的な言葉で、辞書には「(古・侮辱して) 黒人、黒んぼ」などと出ています。このような言葉を公然と使えば racist (人種差別主義者) として強い批判を浴びることは疑いありません。

たとえば、日本人の精神構造についてコメントを求められたハーバード大学メディカル・スクールの精神科教授が Jap (英和辞書には「ニッポン野郎、ジャパ公」という訳語がでています) などという言葉を使うと思いますか？ あるいは、チェチェン民族紛争に関連してロシア人のメンタリティについて質問された東大医学部の精神科教授がロシア人のことを「ロスケ」などと呼ぶでしょうか？ これと同じことです。

まず、この疑問文がポウサント博士の言葉ではないことに気がつくのが正解に至る第1の関門です。

誰の言葉なのか？

すると What's underneath the darkies' smile? は誰か他の人の言葉で、これをポウサント博士が、ある意図を持って、ここに出したことになります。それは「誰の言葉」で「どんな意図」なのでしょうか？

話し手が、誰か自分以外の人の言葉を、発話者を明示せず（＝直接話法でも間接話法でもなく）、それどころか、それが他者の言葉であることを断ることもせず、いきなり文章中に出してくる（＝地の文に埋没させる）ケースで最も有力なのは描出話法です。描出話法は登場人物が心の中で思ったことを地の文と同じ書き方で書く話法です（手紙の文面などを描出話法で提示することもありますが、ほとんどは心の中で思ったことです）。Part 1 の [6] でも描出話法が出てきましたが、やはり主人公の Nick が内心で思ったことでした。

それでは、ポウサント博士の話の登場人物とは誰でしょうか。それはゴルフコースで一緒にプレーしている白人と黒人です。しかも、これは O. J. についてのコメントですから、リビエラ・カントリークラブのような高級カントリークラブでプレーしているアメリカ上流階級の白人と黒人です。ところで、黒人が「黒人の笑顔の下には何があるんだろう？」などと思うわけがありませんから、これは白人が思う言葉です。「アメリカ上流階級の白人が darkie などという差別用語を使うか？」と疑問に思う方もいるかもしれません。もちろん公然と発話することはありえません（もしかしたら、白人同士の会話ならあるかもしれませんが）。しかし、これは内心で思っている言葉なのです。racist 的なメンタリティを持っている白人なら（実はこれこそ、この一節の核心なのです）、心の中で密かに黒人を darkie と呼ぶことは十分に考えられるのです。この推測が正しいとすると、この疑問文の意味は次のようになります。

一緒にプレーしている白人はこう思う。「黒人の笑顔の下には何があるんだろう？」

文と文の論理関係

　それでは、ポウサント博士はどんな意図で、この疑問文を出したのでしょう？ それも描出話法で。この問題を解くカギは「文と文の論理関係」です。It's a classic story in the history of our country. と What's underneath the darkies' smile? がどういう論理関係にあるのか、これがわかると、ポウサント博士の意図に肉薄できるはずです。前にもやりましたが、「文と文の論理関係」がわからないときは、まず「言い換え」「例示」「理由」「条件」「譲歩」の５つのどれかを考えるのが正攻法です。順番に試してみましょう。

> ☞（言い換え）
> 　それは、わが国の歴史で昔から繰り返されてきた事だ。すなわち、一緒にプレーしている白人はこう思う。「黒人の笑顔の下には何があるんだろう？」

> ☞（例示）
> 　それは、わが国の歴史で昔から繰り返されてきた事だ。たとえば、一緒にプレーしている白人はこう思う。「黒人の笑顔の下には何があるんだろう？」

　いかがでしょう。さらに「理由、条件、譲歩」も試してみましょうか？ もういいですよね。これは明らかに「言い換え」です。つまり、ポウサント博士は「一緒にプレーしている白人が『黒人の笑顔の下には何があるんだろう？』と内心で思う」ということを Newsweek の記者、ひいては一般読者に指摘したのですが、その際、前置きとして「これはこの国の歴史における古典的な話だ（＝これは、わが国の歴史で昔から繰り返されてきた事だ）」と言ったのです。

　ここで、先ほどの解釈を 1 つ修正しなければなりません。それは It の指すものです。先ほどは It's a classic story in the history of our country. の It は前の「ゴルフ場でのやりとり」を指していると考えました。これはこれで依然として正しいのですが、実はこれだけでなく、後に出てくる What's underneath the darkies' smile? も指していたのです。もっと正確に言うと、「ゴルフ場でのやりとり」と What's underneath the darkies' smile? は「一体の話」になっていて (なぜなら、後で詳しく説明しますが、「ゴルフ場でのやりとり」がなければ、What's underneath the darkies' smile? という疑問も頭に浮かばないからです)、It はこの「一体の話」の全体を指しているのです。

　しかし、そうなると It が後の疑問文を (正確には、後の疑問文も)指すことになりますが、このようなことができるのでしょうか？ 実は、できるのです。It が後ろの疑問文を指す英文は、通常は「仮主語—真主語の構文」です。たとえば It isn't clear who wrote this letter. (誰がこの手紙を書いたのかは明らかでない) のような具合です。しかし、これを 2 つに分けて、次のようにすることも可能なのです。

It isn't clear. Who wrote this letter?
これは明らかではない。誰がこの手紙を書いたか、は。

　これは It's a nasty business, this personnel management. (これは嫌な仕事だよ、この人事管理ってのは) と発想は同じです。このようにすると、聞き手に強い印象を与えることができるのです。この場合の It は「それ」ではなく「これ」と訳すか、または訳出しな

い方が誤解を避けられます。It を訳出しないと「明らかではない。誰がこの手紙を書いたかは」「嫌な仕事だよ、この人事管理ってのは」となります。

ところで、私は最初に「これは明らかに言い換えです」と簡単に言いました。しかし、それは、全く先入観なしに論理関係の試行錯誤を行ったからこそ、わかることです。実際には、この「論理関係の試行錯誤」を行うときは、It は前の文（＝ゴルフ場でのやりとり）を指していると思い込んでいますから、「言い換え」を試してみても「これが正解だ！」とは思わない可能性が高いのです（それどころか、「ゴルフ場でのやりとり」と「白人の内心の疑い」は違う内容ですから、「言い換えではない」として排除してしまう可能性の方が高いでしょう）。もちろん、他の「例示」「理由」「条件」「譲歩」を試してもしっくりきません。全部ダメなので、途方に暮れて、のたうち回っているうちに（← 大袈裟ですが）「もしかしたら It の指すものは前の文とは限らないんじゃないか」と思った瞬間、光が差すのです。このように It が「ゴルフ場でのやりとり」だけを指していると思い込んでしまい（It が後ろを指す通常のパターンにあてはまらないので、無理もないことです）、それを変えられないことが、この一節を難しくしている第 2 の関門なのです。

どんな意図か？

さて、いよいよ、この一節の核心に入ってきました。ポウサント博士は「わが国の歴史で昔から繰り返されてきた事だ」と前置きして「一緒にプレーしている白人は『黒人の笑顔の下には何があるんだろう？』と内心で思う」ということを指摘したのですが、これは何が言いたかったのでしょうか？ まず、事柄を確定させましょう。

白人と黒人が一緒に高級カントリークラブでプレーしています。

プレーの最中に、白人が人種にからんだ冗談を言いました。このとき、黒人がそれに腹を立てたりしたら、一気に座が白けて、せっかくのゴルフが滅茶苦茶になってしまいます。それで、黒人も（まるで自分が白人であるかのように）、白人と一緒になって、どっと笑います。それで、座は表面的に一段と和(なご)やかになるのです。しかし、そのとき、白人はふと内心で What's underneath the darkies' smile? （あいつは笑ってるけど、黒人の笑いの下には何があるんだろう？）と思うのです。

　これを指摘することで、ポウサント博士は何が言いたかったのでしょうか？　ズバリ言うと、それは「**白人のエリートは、自分たちが交際している黒人を心の底では信用していない**」ということです。つまり「白人エリート層の間には、今でも人種差別的な意識が根強く残っていて、普段黒人と親しく交際しているような人であっても、内心は常に黒人を疑っている」という事実を指摘したのです。

　これはこの国の長い歴史の中で、いろいろな局面で、昔から繰り返されてきたことなのです。一種の an open secret（公然の秘密）と言ってもよいかもしれません。しかし、これを露骨に指摘することは物議をかもす、とまでは言わないまでも、大人気ないことです。そこで、わざとぼかして、描出話法を使い「白人が内心で思う疑い」をぽんと投げ出して、それで終わりにしたのです（「これ以上は、露骨に言わなくてもわかるでしょ」と言っているのです）。

the darkies' smile

　なお、the darkies' smile の darkies が複数形になっていることに違和感を覚える人がいるかもしれません。この the darkies は、特定の「その黒人たち」という意味ではなく、「黒人一般」を指しています。すると「この疑問文は『一般に黒人の笑顔の下には何がある

のか?」という意味になる。でも、この疑問文は、ゴルフ場で一緒に笑った特定の黒人のことを疑ったのではないのか?」という質問が出ます。

これは、こういうことです。たとえば、仲のよい恋人同士のカップルがデートをしているとします。そのとき、彼が彼女には到底理解できない行動をとったとしましょう。すると、彼女は心の中でこう思います。「男って、何考えてるのかしら?」この場合の「男」は表現の上では「男性一般」を指していますが、実際の意味は「この人」です。これと同じで、the darkies も表現の上では「黒人一般」を指していますが、実際の意味は「この黒人」なのです。

ポウサント博士のコメントのまとめ

最後にもう一度まとめると、ポウサント博士のコメントには2つの内容が含まれています。1つは「白人とつき合うためには、黒人は差別的冗談にも笑わなければならない」ということ、もう1つは「白人は黒人の笑いを額面通り受け取らず、黒人の本心を疑う」ということです。そして、この2つを「この国の歴史で昔から繰り返されてきたことだ」と評したのです。その際、前者は黒人の置かれた気の毒な状況ですから、詳しく説明し、後者は白人が持つ差別意識の表れですから、描出話法でぼかしたのです。

なお、ここから先は私の推測ですが、ポウサント博士はこのコメントによって、たんにゴルフ場でのエピソードにとどまらず、もっと広くアメリカ社会のいろいろな局面で「黒人は表面的に白人に合わせなければならず、一方、白人は白人で、黒人の本心を疑う」ということが繰り返されてきたことを読者に示唆しているように思えます。a classic story in the history of our country というフレーズからはそんなことが感じられるのです。

さて、それでは最後に全体を訳してみましょう。次のようになり

ます。

> O. J.はそう言いながら笑っていた。「ゴルフコースで誰かが人種にからんだ冗談を言ったとき、それを受け流さずに怒ったりしたら、あの世界では立場が危うくなる」と、ハーバード大学メディカル・スクールの精神科教授、アルビン・ポウサント博士は言う。「これは、この国の歴史では古典的な話です。その後で今度は、黒人の笑顔の下には何があるんだ？ ってなるんですよ。」

> ¶ 8   Simpson was trying to keep smiling. By 1992 he knew that he was never going to make it as an actor. "I don't consider myself an actor. I'm a personality," he told Sports Illustrated.

> シンプソンは努力して笑みを絶やさないようにしてきた。1992年までに、彼は俳優として成功する見込みがないことを悟っていた。「私は自分のことを俳優とは思っていない。ただのタレントさ」と、彼はスポーツ・イラストレイテッド誌に語っている。

personality は「マスメディアを通して世間によく名前が知られている芸能人やスポーツ選手」を指す言葉です。テレビタレントは和製英語で、英語では a TV personality と言います。

Part 2 ● Newsweek の社会記事を読む ● 2

> He clung to the fact that, as he put it, "I'm O. J., which means I'm somebody today and the highlight of my career isn't behind me." But ⑥his earning power was.

彼は「私は O. J. だ。ということは、自分が今やひとかどの人物で、人生の絶頂期はまだこれからだという意味さ」という自分の言葉を事実だと考え、これにしがみついていた。しかし、彼の経済力はピークを過ぎていた。

　as he put it は「彼が言ったように」という意味の副詞節です。したがって、the fact that, as he put it, "S + V" は「彼が言うところの S + V という事実(＝彼の主観的事実)」という意味になり、この the fact は客観的事実ではありません。

　which は主節の全部(＝I'm O. J.)を先行詞にする関係代名詞です。somebody は「ひとかどの人物、偉い人」という意味の普通名詞です(代名詞ではありません)。したがって(＝普通名詞なので)、本来は I'm a somebody today となるはずですが(＝不定冠詞がつくはずですが)、しばしば本文のように無冠詞で用いられます。the highlight of my career isn't behind me (私の生涯の絶頂期は私の背後にはない) は「私の生涯の絶頂期は私の前方にある ⇒ 私の生涯の絶頂期はまだこれからだ」という意味です。

　But his earning power was. は But the highlight of his earning power was behind him. の省略形です。「しかし、彼の経済力の絶頂期は彼の背後にあった ⇒ しかし、彼の経済力はピークを過ぎてい

た」という意味です。

> Though he still earned a million dollars a year, he had made a series of bad loans and investments (the L.A. riots destroyed his profitable Pioneer Chicken franchise). Hertz was no longer featuring him in ads. Mostly, ⑦he was used to play golf with corporate clients.

　依然として年収は100万ドルもあったが、不良債権やうまくいっていない投資をいくつも抱えていた（利益を上げていた彼のフライドチキンのチェーン、パイオニア・チキンはロス暴動で壊滅的な打撃を受けた）。ハーツももう彼をCMには起用していなかった。たいていの場合、彼は会社の顧客の接待ゴルフの相手に使われていた。

was used to play golf は be used to playing golf（ゴルフをすることに慣れている）に似ていますが、この表現ではありません。He was used（彼は使われていた）to play golf with corporate clients（会社の顧客とゴルフをするために）という意味で、要するに「接待ゴルフの相手役に使われていた」ということです。この「S is used to 不定詞」という表現はよく用いられます。たとえば、*The Cancer Killer* の記事（の本書に採録しなかった部分）にも次のような文がありました。

P53 can be used to tell us about past molecular skirmishes that touched off a cancerous war.

まず、直訳風に訳してみると「ガンとの戦争を引き起こした、過去の分子レベルの小競り合いについて、その情報を我々に与えるために、p53遺伝子は使用されうる」となります。さすがに、これでは一読して意味がつかめないので、次のように変えてみました。

p53遺伝子は、過去にどのような分子レベルの異常が生じ、それが引き金になって、今のガンが発生したのかを知る手がかりになりうる。

【試訳】
¶1　最初の警察への電話がいつだったかは明らかでない。運がよかったことと市内在住の有名人に甘い体質を持つロス市警の手抜き捜査のおかげで、シンプソンと彼の広報担当者たちは醜聞をマスコミに隠しておくことができた。しかし、去年の6月に漏れた情報によると、1985年のある時シンプソンがニコールの車のフロントガラスをバットで叩き割ったことは明らかだ。警察が駆けつけると、シンプソンは軽く手を振って彼らを追い払い、「これは俺の車だ。後始末は自分でやる。何の問題もない」と言ったそうである。

¶2　今ではすっかり有名になった1989年1月1日午前3時30分の警察への通報電話は、もみ消すのがもっと難しかった。ニコールはブラジャー姿で金切り声を上げながら家から駆け出してくると、「あの人に殺される」と繰り返し叫んだ。彼女は警官にすがりついて、激しく食って掛かった。「8回」も通報したのに「警察はあの人には手も触れず、話をしただけで、帰ってしまう。」このときシンプソンが外に出てきて叫んだ。「俺には女が2人いる。その女はもう俺のベッドには不要だ。」それから、彼は、警官を説得して、何とか逮捕を思いとどまらせようとした。「あんたたちはもう8回も電話で呼び出されているのに、

今度はこれで俺を逮捕しようっていうのかい」と彼は嘲った。警官はニコールの顔に残された擦り傷や切り傷を指差して、シンプソンに服を着て同行するように命じた。シンプソンは、それに従う代わりに、自分の青いベントレーに乗り込むと、そのまま逃走した。

¶3　結局シンプソンは「妻と口論のすえ手を出した」ことを認め、配偶者を殴打したという軽犯罪法上の訴因に対して罪を認めた。これによって、彼は軽い罰金と短期間の社会奉仕活動の刑を受けた。裁判沙汰になることは避けたかった。殴られたニコールの顔写真がゴシップ紙に載ったら、みっともないことになるだろう。

¶4　彼の生活は正常に戻った。もっとも彼の生活を正常と呼べるならの話ではあるが。レンタカー会社のハーツは彼をCMから降ろさなかった。告訴する気まではなかったニコールがハーツの幹部に「これはマスコミが有名人のゴシップをあることないこと書きたてる一例です。私たちは今までで一番愛し合っています」と言ったからだ。友人たちはこの事件を忘れることにした。オレンジ郡被虐待女性支援活動の提唱者であるサンディ・コンデロは事件について知っていたが、それでも、活動資金を集めるための有名人ゴルフ大会に出てくれるようにO.J.に頼んだ。彼は妻虐待に「本当に心を痛めているようでした。そして、とても思いやりがあって魅力的に見えました」とコンデロは言う。これこそ否定の勝利だった。彼は運動に支援を申し出ることさえした。しかし、おそらく重要なのは、彼はそれを決して実行しなかったことだ。

¶5　シンプソンは、W.E.B. デュボイスが1世紀近くも前に『黒人の魂』の中で指摘した「二重性」と闘い続けた。白人世界の虚飾を求めてより高く手を伸ばせば伸ばすほど、自分の出自からはますます遠ざかるのである。他の黒人たちはそのことで彼に腹を立てていた。シンプソンはしゃれたチャリティイベントにはよく顔を出した。たくさんの病気の子供たちを病院に見舞ったので、彼は自分のことを「死の天使」と呼び始めた。しかし、アフリカ系アメリカ人の運動にはあまり熱心でなかっ

た。彼はロサンジェルスのサウス・セントラル地区にある公民館や青少年向けの催しに出席を約束しておきながら、ぎりぎりになって断ることがよくあった。それよりずっと多くの時間をリビエラ・カントリークラブで過ごした。ここは白人メンバーがほとんどを占める華美の牙城のようなところで（入会金は 75000 ドル）、シンプソンはそこで昔からのUSC の後援者や興行界の顔役たちの集まりに混じって日がな一日ジンラミーやゴルフをしていた。「あの、くそゴルフクラブときたら、クラブ丸ごと本当に頭がイカレテたぜ」と、シンプソンを知る、ある NBA の選手が言う。「つまり、こういうことだ。そりゃバークレイやジョーダンも白人と一緒になって遊ぶさ。でも、彼らの家についていったら、そこではやっぱりアンヴォーグがステレオでガンガン鳴っていて、オーブンの中にはリブがある。ところが、O. J. ときたら、自分が白人だとマジで思い込んでいたんだ。」

¶6　同時に彼は白人からの侮蔑にも耐えなければならなかった。昔からのリビエラの会員、トム・ケリーは、ワシントンポスト紙に、USC の弱いバスケットボールチームのことでしばしばシンプソンをからかったことを回想した。「『ひとつ君がスラムの中へぶらぶら入っていって、USC に入れば恩恵を受けられそうな身長 7 フィートの若者を見つけてくれませんかねえ。でも、もう君は黒人がどこに住んでるかも知らないんだろう』と言ったんだ。そしたら、O. J. はよく言ったもんさ。『こん畜生め！』ってね。」

¶7　O. J. はそう言いながら笑っていた。「ゴルフコースで誰かが人種にからんだ冗談を言ったとき、それを受け流さずに怒ったりしたら、あの世界では立場が危うくなる」と、ハーバード大学メディカル・スクールの精神科教授、アルビン・プウサント博士は言う。「これは、この国の歴史では古典的な話です。そのあとで今度は、黒人の笑顔の下には何があるんだ？ ってなるんですよ。」

¶8　シンプソンは努力して笑みを絶やさないようにしてきた。1992

年までに、彼は俳優として成功する見込みがないことを悟っていた。「私は自分のことを俳優とは思っていない。ただのタレントさ」と、彼はスポーツ・イラストレイテッド誌に語っている。彼は「私はO. J.だ。ということは、自分が今やひとかどの人物で、人生の絶頂期はまだこれからだという意味さ」という自分の言葉を事実だと考え、これにしがみついていた。しかし、彼の経済力はピークを過ぎていた。依然として年収は100万ドルもあったが、不良債権やうまくいっていない投資をいくつも抱えていた（利益を上げていた彼のフライドチキンのチェーン、パイオニア・チキンはロス暴動で壊滅的な打撃を受けた）。ハーツももう彼をCMには起用していなかった。たいていの場合、彼は会社の顧客の接待ゴルフの相手に使われていた。

索 引

as（形容詞節を作る従属接続詞） 143, 153

as（譲歩） 58

be to（if 節中の） 7

because（判断の理由を表す） 22

benefit（the benefit of ～） 122, 249

but（if S will but V） 27

but（S+V but 副詞） 19

but（関係代名詞） 82

but（従属接続詞） 3, 95

but（前後が逆接になっていない） 30, 59

certainly 105

either . . . or 104, 108

for（等位接続詞） 106, 128, 187

for（～として） 138

got（＝have got） 220, 244

how（従属接続詞の that に近い） 18

if（＝even if） 39, 40

if（倒置による if の省略） 39, 59

if S would V 248

like（should have liked to have p.p.） 59

no matter＋間接疑問文 35

no 比較級 than 31, 101, 138, 191

not . . . because 145

shall（3人称の主語） 39

so much 69

※項目はアルファベット→五十音の順番で並んでいます。

so that S may V　93

so ～ that S+V の倒置形　73, 86

that 節（前置詞の目的語になる場合）　4, 39

the 比較級 for ～　69

the 比較級 ..., the 比較級 ....　236

there (S+V there to be ～)　27

unless　108, 181

used (be used to 不定詞)　269

what (形容詞)　49

what S be all about　77

what S be 動詞　22

whatever (=at all)　26

whatever (従属節を作る)　130

will (習性の will)　46

worth　77, 138

would (過去の不規則な習慣)　240, 247, 254

隠喩　39, 122, 146

過去分詞（自動詞の裸の過去分詞）　53

仮定法過去完了（過去の事実と一致している）　34

関係詞連鎖　7, 23, 66, 128

関係詞節が独立文になっている　94

完全他動詞の現在分詞形容詞用法　170, 189, 207

強調構文　74, 106

繰り返しを避けるための省略　43, 103, 125, 130, 268

群動詞の受身　38

索引

群動詞の過去分詞形　15

形容詞の働き　174

結果の不定詞　202

原形動詞を用いるケース　55

限定的修飾要素　252

限定用法　251

5W1H　231

自分の確信を疑う　238

準補語　43, 53, 91, 130, 177

焦点　147

絶対最上級　39

中間命題　131, 223, 225, 226

動名詞を修飾する形容詞　11

独立分詞構文　46, 66, 91

二重否定　19, 82

比較級を用いて最上級の意味を表す構文　86, 128, 229

描出話法　23, 261

副詞節の短縮形（S＋beの省略）　46

副詞的目的格　196, 199

付帯状況のwith構文　91

文修飾副詞　38

文と文の論理関係　222, 262

名詞構文　157

英語リーディングの探究

● 2010 年 9 月 1 日　初版発行 ●
● 2021 年 10 月 22 日　3 刷発行 ●

● 著　者 ●
薬袋　善郎
© Yoshiro Minai, 2010

● 発行者 ●
吉田　尚志

● 発行所 ●
株式会社　研究社
〒 102-8152
東京都千代田区富士見 2-11-3
電話　営業　03-3288-7777（代）
編集　　　　03-3288-7711（代）
振替　　　　00150-9-26710
https://www.kenkyusha.co.jp/

● 印刷所 ●
研究社印刷株式会社

● 装丁・本文レイアウト ●
寺澤　彰二

KENKYUSHA
〈検印省略〉

ISBN 978-4-327-45233-9　C1082　Printed in Japan